黃鴻麟 著

完美婚姻55式
作者／黃鴻麟
策劃編輯／伍詠慈
協力編輯／賴百樂
美術設計／blacktony
出版發行／突破出版社
香港沙田亞公角山路33號突破青年村
電話：2632 0000　傳真：2632 0388
電郵：breakthrough@breakthrough.org.hk
網址：http://www.breakthrough.org.hk
http://www.btproduct.com
承印／海洋印務
2013年6月初版1刷

55 Ways to Consolidate Your Marriage
by Wong Hung Lun
First Printing, First Edition, June 2013

Printed in Hong Kong
ISBN 978-988-8073-84-9

本書經文取自《新標點和合本》，版權為香港聖經公會所有，承蒙允准採用，特此鳴謝。

誠邀閣下就突破出版社的書籍發表意見。
請登上 www.btproduct.com/book，在「讀者回應卡」頁面內填寫。謝謝。

歡迎加入突破書籍 Facebook — http://www.facebook.com/btbooks

本書採用環保油墨印刷

連結上帝連結人

心　靈　關　顧

關懷、連繫、復和、

溝通、對話……

凝視心之脈動，

直到重新尋獲自己的心。

心　靈　地　圖

目錄

做個愛妻號

你欠老婆一份溝通

婚姻生活真艱難？

葉序

看鴻麟兄的文章，無論是以前出版的，抑或現在手上的《完美婚姻55式》，總會捧腹大笑，腦袋裏浮現了鴻麟兄中學時的幽默模樣。那時他一開口，大家都笑得捧腹倒地。鴻麟兄這本書，逗你大笑之餘，還會會心微笑，也叫你捧書反思。

現代婚姻有太多問題，顯示在高漲的離婚數字上，顯示在家暴問題，顯示在對人歡笑背人淚的實況。自己做了婚姻輔導多年，對男男女女間種種不同的戰爭，形形式式的婚外求愛現象，早已有點麻木。不過讀了本書，又對現代男女種種相愛相爭的現象，有了更新的看法。

本書分為五大段，帶出了婚姻裏的一些真象，包括了男人心理，男女相處微妙之道……也提醒讀者如何在男女相愛的路上，提升自己，而不是提升對對方的要求。但願更多人，手捧本書，反省之餘，付諸行動，做個愛妻愛家愛兒女的好男人，好女人。

我特別欣賞「做個愛妻號」和「你欠老婆一份溝通」兩個章節，作為男人，深感這兩部分的文章，一針見血地道出了男人作為丈夫的一些通病，也提醒我們如何提升自己，如何在愛妻、護妻及溝通上付出小小心思。男人付出小小，收穫總是多多，可惜太多男人不善計算，只懂埋怨。但願本書能對小器的男人，成為當頭棒喝！

鴻麟兄，謝謝你的真情分享，願天下男女不再是痴男怨女，願天下男女在婚姻路上蒙拯救。

葉萬壽

心自寬輔導及訓練服務創辦人

程序

每當有男人投訴女人難以明白時，我總是笑着説：「女人是用來愛，不是用來明白的。」但黃鴻麟在《完美婚姻55式》裏一副「我明白女人」或者「我很努力去明白我老婆大人」的模樣，那不是找死嗎？不過他肯努力去明白女人，並以行動和時間證明他對妻子的愛，那是很令人動容的。

在我這麼多年的性治療和婚姻家庭輔導工作裏，我觀察到一個很普遍的通病：女的不是説不清要求，便是講太多；男的則聽了當回應了，講了當做了。

女人都希望被愛錫、被珍惜，如果丈夫在生活、語言、行動中重視自己，那會讓妻子很有安全感，倘若還加上黃鴻麟式的幽默搞笑，那更是好得無比。

女性讀者可能會覺得黃太幸運，有個如此主動愛妻護妻，不單宣之於口，更要公之於世的丈夫，羨慕之餘，或會覺得自己沒此運氣，只能酸溜溜地抱怨自己丈夫被動，沒搞作、沒驚喜。

其實書裏面許多招式都可以男女對調，如果妻子都懂得熱情地表達對丈夫的尊重和愛，丈夫們怎會不樂意做情聖？有時是女人太多說話或太多指令，把身旁的準情聖嚇跑了或嚇啞了。

至於說不懂怎樣做的男人，則可以依着黃鴻麟在《完美婚姻55式》裏清楚易明的指引行動，一般男人都比較看得懂說明書，有興趣改善夫妻關係或成為一個令人艷羨的情聖老公者，那55招是蠻管用的。

並不是每一個人都可以像黃鴻麟般有創意，能創作那麼多惹笑的順口溜，或夠勇氣把對妻子的愛在報章上公告天下，但若能每日一抱、一吻、一看、一讚，總能夠讓對方感受到你滿滿的愛意。婚姻關係是一段終身學習和彼此建立的關係，大家都需要學習表達和釋放情感。

在《完美婚姻55式》裏，不單有簡明的招式可以讓人知所練習，更有扎實的心法以校正方向及建立態度，只有招式但沒有心法的武功是無法更上一層樓或自成一家的。盼望天下丈夫不單能耍出這55招愛妻武功，更能從心法當中認識自己、配偶和上帝更多。

程翠雲

觸動輔導中心性治療及家庭治療總監

Facebook：https://www.facebook.com/attyching

徐序

有幸拜讀黃鴻麟校長的《完美婚姻55式》，並撰寫序文，絕對是受寵若驚。皆因小弟只是一名「小薯仔」，文筆更是有限公司，但能向一位天下聞名的愛妻之人學習，實是機會難得。當收到手稿後，便即第一時間速閱，結果一看就不能自拔，大有不看到底心不死的心態，結果當然是一看再看。文中各種愛妻招數層出不窮，最重要的，還是愛妻的心，歷久常新，畢竟是共同相處三十多個年頭啊！若果沒有愛在婚姻中，就如日日在聽鳴的鑼、響的鈸般……「點捱」？

書中黃校長分享多個落地（Down to the earth）的方法，上至高官，下至黎民百姓，都能受益。如〈愛妻十誡〉，就真是發人深省，叫我輩一眾凡夫俗子，得到絕世祕笈，以簡單而實用的方法，維繫夫妻感情，就如當中的「當孝敬外父外母，好叫你在世的日子好過」，小弟深有感受。若不想夫妻感情化為灰燼，經常保持歷久常新，必須參考〈四項堅持〉，且是絕世好「橋」，看似簡單，但能每天對妻子一抱、一吻、一看和一讚，就一點都不簡單，肯定令婚姻感情如萬年青般，不易變「老」。

另外，「謝謝」一招更是對我輩已享受「應份」或「應該」慣了的人的當頭棒喝。向摯愛從心裏流露感恩之念，是何等令人窩心的事，一句謝謝，使夫妻間產生一股祥和之氣。兄弟們，一定要好好學習説句衷心的「謝謝」。

黃校長除了分享他的愛妻護妻招數外，更言簡意賅地討論現今的戀愛觀、婚姻觀及離婚觀。從個人觀點、經驗及《聖經》的教導作出發點，令我輩茅塞頓開。其中的〈由散餐到全餐〉中提到，愛情應該是像一個「套餐」，是一個整體，但很多人視愛情是個「散餐」或「自助餐」，可以自由組合，任意取捨，不是愛對方的「全套」，結果愛情變得短暫。若要愛得長久，必定要愛對方的優點、缺點、家庭等，全單照收才能擁有永恆的婚姻。這正正反映現代人對愛情及婚姻的心態。

最令小弟拜服的，就是黃校長在各短文之後的鼓勵或反思的金句，如經典中的經典「男人唔鹹濕，匯豐會執笠」、在「屢創新高」中的歌詞，及最終極的婚姻箴言：「付上一切、放下一切、犧牲一切」，真的是字字珠璣，意義深長，能給我輩仔細反思夫妻的愛及相處之道。

這書不刻意引用什麼學者和理論談婚姻，乃用日常的生活説出大道理，讓我輩再思考天父上帝設立的婚姻是：一心一意、一男一女、一夫一妻及一生一世。同時，黃校長雖主力説明男人應該如何愛妻，卻沒有説出女人應該如何愛丈夫。但想深一層，男人若能做到黃校長所分享的招數，太太理應也沒有他求，只需愉快滿足地接受，夫妻關係已樂也融融了。不要小看聰明的太太們，她們絕對懂得丈夫的真心對待，亦能誠心的接納。當然，整天都認為丈夫全是「無事獻殷勤」的太太算是例外。

願天父上帝藉着黃校長的分享，令夫妻們重拾愛的真諦，使婚姻關係更和諧，家庭更幸福。

徐雲生

心暖心輔導中心總幹事

前言——
愛你愛多3658億個三十年

今年4月，我和老婆大人的婚姻已不經不覺「磨合」了三十餘年。三十餘年的「老襯」生活，讓我在苦與樂中經歷和成長。千言萬語，只可以用兩個字來表達，就是——感謝。感謝老婆大人的照顧、忍耐和包容。更重要的是，感謝上帝保守我們這段婚姻。在這個自我膨脹，婚姻離合已是平常事的世代，若不是上帝的保守，什麼天長地久，海枯石爛都是「食生菜」式的誓言——説了便算。

在結婚二十五周年後，我便盤算如何感謝老婆大人。初步構思是在三十周年那天在報章刊登三分一版的愛的宣言。但我這個愛妻部落的部長每月的「糧餉」都是上繳「中央」——老婆大人。故此要祕密儲錢應付這大project。

三十周年適逢復活節假期，報章負責人問我要不要遲些才刊登廣告，我說不用。廣告「出街」之日，我和老婆大人在張家界旅行，但神通廣大的記者竟然找到我，還要作電話訪問，又要我電郵相片備份給他們。身邊的老婆大人追問是誰的電話，為免「穿煲」，我只有答應回港才接受訪問。

回港先處理學校的事務，在三十周年的第三日，我拿着那份刊登愛妻宣言的報章，再送上老婆大人最喜歡的一大束「卡莎」百合花（俗稱「香水百合」，Casablanca，學名Lilium casa blanca）。她看來「心又喜心又慌」之餘，老婆大人還是那個「招牌表情」—— 罵在嘴頭，樂在心頭！最後還附上例牌的囑咐 —— 不要浪費金錢。她看罷報章的廣告：「奉天承運，上帝詔曰：鴻麟愛楚賢，愛多3658億個三十年。布告天下，咸使聞知。」老婆大人竟然溫柔地問我：「你夠唔夠錢駛？」我當然以退為進，取回成本。

在訪問中，記者除了要了解我這個「搞嘢」校長外，他也查詢了那些數字。其實3658億是財政司早前預告香港特區政府的財政盈餘，這足見我是個愛妻愛港的好丈夫。各位已為人夫的兄弟，可有膽量直接向老婆示愛？

作丈夫的，需在適當時候，向太太直接示愛。
作太太的，應在適當時候，回應丈夫的愛意。

兩性相遇

眾裏尋他／她

梁家傑在上屆特首競選時，説過一句名言：「有得揀，你才是老闆。」現代的自由婚姻，男女都是「有得揀」，甚至「千揀萬揀」或「揀完可以再揀」，更可以離婚後「重新再揀」。內地網友總結了一些「揀老公」的成與敗經驗，羅列出「揀老公十大祕訣」，某些「祕訣」可作參考。

- 不怕嫁老，就怕嫁小。男人約三十三歲時，是成熟中帶穩健，這真有眼光，這個年紀的男士，無論在生理及心理上都趨向穩定，並且經濟狀況也差不到哪裏。
- 嫁個有錢人，不如嫁個願為你花錢的人。這一點有道理，並且有「市場導向」。
- 嫁個家庭型男士較事業型好。我想這一定是「過來人」的經驗之談。因為事業型男士很可能會帶給你一點「虛榮感」，但家庭型男士能讓你擁有一個溫暖的家。

- 嫁個與你性格互補的男士。假如夫婦同為急性子或同為慢郎中，即使性格一致，但鬧矛盾時多一發不可收拾。相反，急性子與慢郎中相配，若能注意互補，往往會急慢相和，相得益彰。我看過不少這類天長地久的「急慢配」，而我和老婆大人也是這種典型的「錯配」。

「有得揀」，甚至「千揀萬揀」未必是一件好事。有研究顯示，現代人最大的煩惱，原來不是缺乏選擇，而是有太多選擇，令我們難以取捨，甚至最後落得一無所有。一間只得六款果醬的超級市場，顧客買到果醬的機會，比起一間有二十四款果醬的超級市場高達九倍。

香港社會愈來愈多「單身一族」，不知是否與此有關。研究人員把消費者分為兩類，一類是「易於滿足」型，只要找到夠好的東西，足夠滿足自己的需要，就會停止尋找，好好享用手上的東西。另一類是堅持「選到最好」型，會強迫自己試齊所有東西，直至找到最好，但他們仍然不會停下來，因為他們會懷疑手上的東西是否最好，不放棄繼續追尋。假如你仍然未婚，你是否屬於這類堅持「找到最好」型，而導致婚姻方面仍是一片空白？

選擇配偶的祕訣，最重要，是符合兩項條件：

- 你愛的；
- 愛你的。

祝天下有情人終成眷屬，
也祝天下眷屬都成為有情人。

結婚有多好？

英國國家統計局的報告顯示，2006年英國結婚率創下一百四十四年的新低點。各種因素都導致不少情侶選擇同居，不願雙雙走進教堂結婚。在現今社會，結婚與否，似乎不單是兩情相悦的結果，也是一個結合經濟、社會和税項上的決定。結婚率的新低點，似乎與數年前兩位英國教授的婚姻研究結果背道而馳。兩位教授經過近十年的研究，發現結婚人士的壽命平均比起單身貴族長三年，這主要是因為婚後有配偶照料起居飲食，而且生活有規律，生理時鐘更為穩定，而有規律的生活對健康甚有幫助。此外，研究數字顯示，已婚的人較有目標，工作更加踏實發奮，收入比單身人士收入多出10至20%。

結婚似乎有很多好處，然而美滿婚姻也有缺欠，已婚人士的體重，較單身貴族重五點二磅。我可是個「人板」：未婚前，我的腰圍是二十六吋，婚後激增至三十二吋，一個好端端而玉樹臨風的翩翩美少年，極速變為混圓富泰的豬八戒，各位未婚美少年千萬要以我為鑑！

結婚不一定是件好事，單身也不一定是件壞事，凡事要順應上帝的安排。結婚不一定可以好好生活，好好生活又不一定不會鬧離婚，不鬧離婚又不一定幸福美滿，幸福美滿又不一定要結婚，結婚又不一定可以好好生活……總之凡事要好好掌握當下的機會，好自為之便是！早前我寫了不少文章，分享在婚姻裏面的苦與樂，無論時代如何變遷，婚姻這場遊戲還是繼續有人拼命的逃出來，但也有很多人不顧一切的擠進去；有人覺得有妻萬事足，另有人卻說做貓做狗都不做情人，總而言之，各適其適，各取所需，皆大歡喜。

除了「逃婚」一族、「追婚」一族，在現今的「後現代婚姻」模式中，還是有中間路線的。內地出現「半糖夫妻」的「後現代婚姻」模式，這是指同城分居的婚姻生活方式：兩個人婚後不同住，而是過着「五加二」的生活：夫婦在五個工作天各歸各處，各自單獨生活，週末週日才聚首一堂，歡渡情侶或夫婦的生活。想出來而又做得到的，不但有創意，且有膽色。這種全新婚姻模式可謂節儉經濟，更有助維護個人空間，保持婚姻的新鮮感，這是不是很完美呢？

還是老婆大人有智慧，她曾問我：「你退休後還是這麼忙碌，那麼退休來幹嗎？」我向「半糖夫婦」的「後現代婚姻」模式也發出類似問題：「結婚這麼辛苦，那麼你結婚來幹嗎？」

結婚與單身，沒有對與錯。
或結婚，或單身，只要好好生活，活在當下就好。

男女不同，天經地義

放假後回港，讀到某基督教報章的標題，極為醒目：「女性封牧迷思」。起初我對內容不以為意，畢竟女性封牧，在香港已不是什麼矚目的話題。

回想十多年前，我的教會提出封一位女傳道為牧師，教會中一些長輩視這提議「離經叛道」，最後兩大陣營各自掣出看家本領 —— 各種釋經、原文翻譯、神學理據、文化歷史、地理天文等林林種種的理據，支持自己的看法。結果如何？還是公説公有理，婆説婆有理，雙方都各有大條道理。最沒有道理的，還是那位準備封牧的女傳道。為什麼要封牧呢？不封牧便什麼問題都不存在了。還有還有，為什麼你是女性？你不是女性傳道便可以封牧了。果然有「道理」！那時不幸地，我是一個教會分堂的董事，所以有幸參與這場「聖戰」——理解《聖經》之戰，更有幸的，這次「聖戰」，為我打好了研經的基礎，亦啟發了我對男女差別，有更深入的研究。至於那位女傳道，最終的處理方法是「分拆」封牧（好像上市公司分拆的策略，將子公司從母公司分拆出去）。直到現在，教會各個分堂已有三、四位女牧師了。

猶如《聖經．傳道書》的傳道者所言：「虛空的虛空。」（一：2）各人互相爭吵，但掌控大局的，仍然是上帝。説回那份報紙內容，最後引起我注意的，是有位英國博士提及幾年前一位韓國教會總幹事，以月經不潔為理由，反對女性封牧。不知道這位韓國教會總幹事是否吃得太多過期泡菜，弄至腦袋閉塞！如果女性沒有月經，他不會由泡菜「爆」出來吧？

上帝造男造女，各按其時，有先有後，卻是無分尊卑。男女生理及心理各有差異，卻是生而平等。坊間有關男女有別的書，多不勝數。我們最容易理解的分別是（以我和老婆大人為例）：

- 男人理性，講求事實證據。女人感性，多憑想像與感覺。男人認為好或不好，一定給予理由。女人認為好就是好，不好就是不好，她説的就是理由。
- 男人着重結果，女人着重過程。老婆大人放工後回家，分享學校怎樣怎樣，我這個愛妻部落的部長很快便為她提出解決良方，認為這般那般便可解決。然而她卻不是尋求解決方法，她只希望我聆聽她的分享。經過三十餘年的磨合後，她時常提醒我：「你別作聲，先聽我講完！」我現在也學乖了，知道她需要的不是答案或解決方法。

- 男人只談大綱，女人着重細節。有時我單獨外出飲宴，回來只報告那間酒樓酒菜味道如何，但老婆大人卻仔細探詢每道菜色，與什麼人同坐，仔細得猶如神探查案。起初，我以為是老婆大人對我不信任，但日子久了，才知道這是女人特性。

了解股市、樓市，不如了解女人多一點，
不只為溝通，更要緊是可減少「碰釘」。

平權男女

有關女傳道封牧的問題，感慨良多。我的教會有數位女牧師，其中一位的按立，我是有份玉成其事的「幕後黑手」，當中辛酸真是不為外人道（下文詳説）。老實説，男女平等實在應由教會做起。教會可以全面地檢視女性在各樣運作中被歧視的情況，從而透過修章，或進行會友大會，加以改善。

一般來説，不少教會在大事如封牧、小事如誰當崇拜主席等，都可能存在性別歧視。反而在教會執事、董事、執事會主席等改選或委任的事情上，存在較少的明文歧視。總的來説、教會在男女平等這課題上，仍有很大的改善空間。

全球各國的男女平等、女權運動已推行多年，但成效仍然未能彰顯。

去年年底，一項由美國哈佛大學、倫敦商學院以及世界經濟論壇合作進行的研究，調查全球一百一十五個國家男女平等的情況，結果令人失望，一百多個國家都不能做到真正的男女平等，極其量只能做到收窄性別差異。當中做到最好的是瑞典，首五位是歐洲國家，北歐已佔首四位。關於這課題，我們實在要向北歐各國取經學習。

而亞洲各國排名最高的是菲律賓，佔第六位，是否有點意外？不少菲律賓女人外出工作，賺錢養家，她們是家庭經濟支柱，男性則在家中處理家務和照顧孩子，成為一家之主——主理家務。當你了解箇中情況，那麼你大概會明白菲律賓為何名列第六。其他亞洲國家排名較高的有泰國，排第四十。中國則高於新加坡、日本及南韓，名列第六十三，在亞洲各國排名第三。各位女士知道後，是否雀躍萬分？

按現今香港的發展，女性開始進佔政治和經濟的高位，而男性仍在玩隱蔽、唱K和打機。若然男士仍不發奮圖強的話，將來可能要推行男權運動，捍衛男性權利。世事實在無絕對啊！

在婚姻中評估夫妻的對等性，應視乎夫婦的主導權、選擇權、發言權、經濟權和法律保障等，是否都有平等的地位。香港女權日漸高漲之際，婚姻中的對等權相對日本、南韓等，都有較大的保障。由報章報道虐夫的數字，緊緊追貼虐妻的，便可見一斑。

男女平等，基於雙方的尊重及放權。

男人，你的名字叫「鹹濕」！

幾年前中大學生報鬧出「情色版」事件，為香港繼「皇后碼頭事件」及「爭產案」之後，延續這個「吵鬧之都」的威名。

兩性關係，以及性生活，在婚姻生活中佔着很重要的位置。有關性的話題，也充斥在日常生活裏的每個環節，除了色情雜誌外，報章中的「豪情版」、「風月版」，在在都扮演着教導「性教育」的角色。報章的新聞版也好不到哪裏：色情案、非禮案、亂倫案、男性侵犯女性、男性侵犯男性等等，果真是「琳琅滿目，目不暇給」。

在記憶中，也不時有傳道人、牧師及神父等神職人員涉及色情或非禮案件，大家初則嘩然，後來見多了，便當作是日常生活的一部分了。我是修讀輔導學的，對人性、人的性格及兩性差別也有一點研究，有時候，我也求問上帝，究竟祂造男人時，放入了什麼元素，叫男性對女性的身體有這般的好奇和着迷？是否男性一生都在追尋他失去的肋骨，所以把注意力和目光都聚焦在女性的胸部？如果一位正常的男性，完全對女性沒有興趣，這會否不是上帝的本意呢？

我的領會是上帝造男造女，有祂美好的心意，叫男女互相吸引，相互戀慕，但要發乎情，止乎禮，即是要合乎律法。在上帝設立的婚姻中，才享受兩性相互吸引的種種樂趣。各位已婚或未婚的男士，真要好好思想上帝的苦心！

有次，校內的中一學生舉辦宗教話劇比賽，主角是大衞，大衞一生與神同行，可以説是一個完全的人，但這個「完全人」還是過不了「色」這一關(肯定不是「情」關，因他先起色心)，他淫人妻子，殺人丈夫。在十誡中，大衞最少犯了五誡，都是由色心而起。各位男士，我們真的要在禱告中，反省自己，求神守護，免得以「色」入罪。

男性在性這方面，特別容易出現軟弱。早前，一個美國的兩性研究，證明男與女的腦部結構有99%相同，不同的只有1%，但這1%就決定了男與女的不同，我最注意的，是這研究中的一個重點：「男性平均每五十二秒便想起性或與性相關的事物。」各位男士，除了明白與同情大衛的故事，亦要好好處理自己的思想，不要把自己放在危險的刀口上。

正所謂：男人唔「鹹濕」，匯豐都會「執笠」。

色字頭上一把刀，應正確地把性放回婚姻中。

英雄難過美人關？

星期天的晚上，一位教會姊妹給我電郵，內容是〈男人，你的名字叫「鹹濕」！〉這篇文章的評論。我這位愛妻部長素來尊重女性，也了解女性，所以趕快把原本快要「出街」的文章收起，繼而火速完成這篇文章。即使在家中，我對於老婆大人的吩咐，都猶如高級酒店的點心——即叫即做。

姊妹認為在文章中，我像為世間男人的好色洗脫罪名之嫌，她特別提及文章中引述美國的一項網上調查：「男性每五十二秒便想起性。」她認為「網上的不良資訊極多，有時人只是搜查新聞，卻常常會額外看見許多裸體的美女圖⋯⋯常常泡在網上的男人，是很難做到一分鐘不想女人的⋯⋯而這樣的調查，並無法代表其他許許多多的男人。」

雖然我愛妻愛得瘋了點兒，但還有能力回應姊妹的善意質詢。第一方面，我要澄清的是，雖然我曾在神學院擔任了幾年兼任講師，憑藉的都是微末工夫，我從沒有擔任神學院院長，以後則難説，所以姊妹請勿誤會，我只可歸入九流信徒。我的言論只是代表個人意見。

第二方面，有關那個調查，它引自加州大學一位精神病理學家出版的一本書《女性思維》(*Female Mind*)，我拾人牙慧的使用了其中一些資料。書中分析男女腦部結構有99%相同，但那1%的不同卻是十分重要的。男女有哪些不同，我暫且不表，只怕有更多姊妹電郵給我。研究調查確實只是提供參考，可以當真但不能作實，否則香港也不會有「鍾庭耀事件」了(指政府不滿鍾氏進行有關行政長官及政府的民意調查)。我只引用調查中的一些資料:「男性腦部負責性意識的區域為女性的兩倍，因此男性每隔五十二秒便想到性，但女性平均每天才會想一次。」這些資料可以有很多分析，卻足以説明男女對性的差異，已婚的弟兄姊妹應該更能明白，這也可以説明大衛這英雄為何過不了美人關。

第三方面，我並非為男性洗脱什麼罪名，我只是提醒弟兄和自己，在性試探這回事，男性注定是容易出軌的，因為這是男性本質，惟有依靠上帝，求上帝守護我們。

第四方面，那篇文章的金句只是開玩笑之作：「男人唔鹹濕，匯豐都會『執笠』。小心！」(文章原本的結尾)其實這金句真正的解讀是：「如果有一天，香港的新聞沒有父親侵犯女兒、男教師非禮女學生、男傳道非禮女教徒、男人在地鐵非禮少女……等等事件，匯豐銀行則可以結業了。」

男性本質要認清，靠主堅拒性試探。

做個遠避淫行的男人

上文提到，一位姊妹給我電郵，把我這愛妻部長罵個狗血淋頭，説我偏袒男士，認為好色是男士的本性，為男士的好色洗脱罪名。這位女士的責罵，正好説明了「男女大不同」，女士大多是憑直覺和感受，男士則較理性、講究數據和理論基礎。上述金句是根據美國一位心理學專家的研究結果而引發的。根據這個研究，男士對性的敏感程度是女性的一千六百六十一倍，這是男女的不同，也是已婚夫婦在性生活中的分歧。有興趣的人士，可在這方面鑽研，著書立説。

因着那位姊妹的緣故，我曾經四出找尋一些有關性犯罪的數據，以證明上述金句的真實程度。天可憐見，我終於找到2001年年底懲教處的一些資料，證實男女在性方面的分歧和差異。2001年在各懲教機構服刑，涉及性犯罪的罪犯，共有一百六十六名，其中只有三人為女性，其比例為54:1，而這三名女性罪犯，大多是對同性性侵犯。而在2010年，全港服刑的性罪犯共有二百八十八名，其中二百八十二人為男性，六人為女性。

從這個角度來看，我們會明白保羅在《聖經・帖撒羅尼迦前書》四章勸勉我們，要用聖潔尊貴守着自己的身體，不要像外邦人放縱邪情私慾。在這裏我要分享三個男人的故事，第一個是熟讀《聖經》的男人，大埔一位男傳道斷章取義，歪曲《聖經》，侵犯一位女教友，被判囚四十個月。另外兩位男人都是站在道德的最高點，一位「藏」，一位「露」，都因為那五十二秒，便從道德的最高點，栽了下來，摔個身敗名裂。「藏」的那一位，是女人身後的處長，我們尊貴的處長放下身段，藏在一位艷女的背後，這位處長還有很多難以解釋的私隱，不單要辭職，更可能要面對公務員的紀律聆訊。另外「露」的那一位，身在英國，與處長年紀相若的男人。他在八天內，接連兩次向女士露體，還被人用手機拍下其醜行，人「雀」並獲，更驚人的是：這位露體狂竟然是英國法院鐵面無私的大法官！

各位弟兄，不要再深究你是每隔多少秒便想起性，反要多花時間，多讀《聖經》，聽聽保羅的勸勉，要守着自己的身子，因為我們的身子就是聖靈的殿啊！

好色是男士的本性，惟一勝過的的方法是刻意逃避性試探。
「神的旨意就是要你們成為聖潔，遠避淫行。」
(《聖經 · 帖撒羅尼迦前書》四：3)

吃醋一代男

近年香港的家庭暴力問題，愈來愈被社會各方關注。月前一對結婚二十載的老夫婦，因丈夫一腳踢傷妻子導致離婚，兼要對簿公堂，受傷的妻子向動粗的丈夫索償八十萬。一腳值八十萬，比起很多職業足球員還要厲害。年屆七十高齡的老人家果真是老人發火，非同小可！導火線其實只是雞毛蒜皮的事情，只因電視機聲浪問題引致父子爭吵，母親勸架而被丈夫踢至尾龍骨骨折。一腳的代價，最終換來妻離子散，人財兩失，代價不菲。

以上所述，只算是近年香港家庭暴力事件中的「小兒科」例子，大部分見報的，更是玉石俱焚或禍延下一代，叫人觸目驚心的案件。香港的反家暴立法拖拖拉拉，至今還是一事無成。反觀墨西哥則先進多了，該國在

2007年2月通過新的反家暴法，為的是要保護女性，並由特別檢察官仔細向公眾解釋其中重點包括——

- 吃老婆醋：例如每半小時就打「追魂call」(致電)找老婆，管束老婆的活動和衣着，都會干犯吃醋及妒忌罪。
- 拒絕與老婆交歡：冷落嬌妻，逃避魚水之歡。
- 對老婆不瞅不睬：對太太視若無睹，當她不存在，通通干犯了「冷淡罪」。

干犯上述「罪行」，隨時會被捕，最高刑罰入獄五年。各位香港的男士，我們是否比墨西哥的男士幸福得多呢？

吃醋似乎不是女性的專利，現代男士比女士更厲害，由吃醋到家暴，兩者之間還包括了不信任、妒忌、不尊重……等等。

各位男士，反對家暴，男子有責！

關係點滴累積，遠離家暴陰霾。

男人之苦

上回撰寫〈吃醋一代男〉，給我很多反省，我真的感謝上帝，讓我生長於香港，在這個沒有什麼民主，卻擁有極大自由的「動盪之都」—— 每天都在動盪，政制爭拗，三司幾局，情色或色情，現實及「公仔箱」(影視娛樂圈)的爭產案，休班警察在地鐵非體女士，繼而爭拗是否要設有「女性車廂」……一波未平，一波又起，讓市民每天都有新話題。

就地鐵是否設有「女性車廂」一事，有人埋怨女性的衣着，穿得愈來愈少；那邊廂卻認為女士只要不違法，穿多少是個人自由，她有穿得少的自由，你有看與不看的自由。日本設有「女性專用車廂」，深受女士歡迎，事實上，日本有其獨特的文化背景。當然香港的地鐵、西鐵、東鐵、輕鐵若設有「女性車廂」、「耆英車廂」、「兒童車廂」、「男性車廂」等，也未嘗不是一件好事。

作為男性活了數十年，我深明男性的需要，體會男人之苦。上帝似乎要男士窮其一生，追尋失去的肋骨，即是與肋骨有關的女人。身在一個擠逼的地鐵車廂，對男人或女人來説，都是一件苦事。我嘗試用第一身去分享。第一：千萬不要動，其實也不能動，因為大家都「貼」在一起，第二：將手放在讓人看得見的地方。第三：視線最難處理，如果圍着你的是男士還好，大不了是「你眼望我眼，望到眼坦坦(翻白眼)」。如果周遭是女士，且穿得「正常地少」的女士，則要恭喜你，你需要經歷一個非常殘酷的考驗，視線不知可以放哪裏，最後你只有一個選擇——扮出不可一世的模樣，兩眼朝天，望向車頂，才可逃過一劫。

早前我也經歷此苦。那天有事要辦，我由商場的電動扶梯往上層，漫不經意的向前望，一位妙齡少女穿着一條「搖搖卻墜」的牛仔褲，外露黑色T-back內褲，她使用了她的「超級的穿衣自由」，我不欲「舉頭望明月」，惟有「低頭思故鄉」，幸好電動扶梯甚短，我很快地逃脱這困境，但不知道是否心神恍惚，還是年紀大，低頭太久，一個不留神，差點好像亞拿尼亞(《聖經》人物，因欺哄神，留了私產，因而仆倒而亡)這樣仆倒在地。我經歷這次「死蔭幽谷」，幸好沒有遭害。所以我更深明男人之苦，要痛定思痛，下定決心，堅持向老婆大人所承諾的原則——除了老婆大人，不「睇」其他女人（母親例外）。因此，管她艷麗如世界小姐，也只是迎面相看，絕不回頭追望。美色也不過是過眼雲煙！

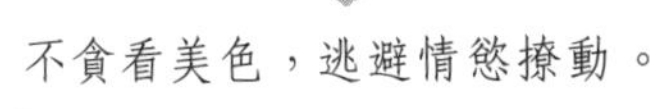

不貪看美色，逃避情慾撩動。

「好天」分手

報章報道本港一對青年男女在駕車歸家途中，因感情出現問題而爭吵，男方不忿女方提出分手，一時情緒激動，即時停車，並走出馬路躺臥尋死。正如廣告所言：「世事無絕對，只有真情趣」。「一哭二鬧三上吊」本是女士的獨家專利絕招，想不到這位年輕有為的男士竟然冒着「侵權」的危險而盜用，而且把「哭、鬧、上吊」三度板斧演繹得淋漓盡致。佩服佩服！

在男女交往的過程中，我認為離合都是一門藝術，應可在大學或校外課程開辦男女分手學之「365式超級和平分手大法」專題。在我的印象中，大多數男士於分手過程都表現出自私與無知。他們視感情為一件商品或一項投資，但卻不肯接受投資會失利，也會有血本無歸的事實。

話説數年前，我在大學負責一個培訓「教師輔導員」的小組活動，一次有位女教師突然情緒失控，我不得不放下講學，先去處理這位老師的情緒。原來在剛過去的聖誕節，這位老師的男朋友向她提出分手，她不明白男朋友為何要在普世歡騰的節日中提出，早一點遲一點不是更好嗎？對她來説，這好比在劇痛的傷口插上一刀後，再撒一把鹽，確是令人難以接受。但那個「傻佬」卻認為在歡樂的日子提出分手，可以把傷痛減到最低……你會信哪個講法？

事實上，就像一位過氣女高官所言：「傷痛的事，什麼時候提起都是令人傷痛。」當你懷抱傷痛，不管在什麼時候展示，它仍然是痛。正如流行曲《好心分手》，分手要懷着「好心」，也要選擇在「好天 」。「好天」的意思是適當的時間與空間。換句話説，千萬不要選擇在對方的生日，結識七周年記念日等日子分手，也不要選擇在一些敏感的場所，以免痛上加痛，或導致難以挽回的悲劇。對於一些抱着一拍兩散、玉石俱焚心態的人士來説，無論是「好心」或「好天」分手，都是一場難以避免的悲劇。

離有時，合有時，
待己待人，寬容一點，日子總會過去。

婚姻小祕訣

那人獨居不好！

耶和華神說：「那人獨居不好，我要為他造一個配偶幫助他。」（《聖經．創世記》二：18）這正是婚姻的源起，一男一女，一生一人（one life，one love），快快樂樂地相愛一世，這是超現實版本的婚姻寫照，也是上帝超高度期望。說真的，相見好，同住難，何況是一生一世，至死方休，難怪有人望而卻步。我認識幾位姊妹，彼此感情深厚，只是在一次旅行後，因着途中相處的不快，而形同陌路，更何況同住的「殺傷力」。

「那人獨居不好」可能是上帝對我們開的一個最大的玩笑。試想想，把兩個互不相干，三唔識七，三性 / 姓不同 —— 即性別、性格和姓氏都不同的人放在一起生活，是不是已經有「真人騷」的影子？再加上彼此的家庭背景不同、成長經歷不同、成熟度不同、學養不同、喜好不同……總之就是不同。結果也是與別不同地——難相處。

我和老婆大人的婚姻，相信是超級錯配的樣板。她快，我慢；她緊張，我優閒；她忙，我閒；在錢財方面，她聚，我散。我在讚歎上帝這偉大的超級錯配的同時，也在享受這什麼都不同的婚姻生活。因為幾十年的磨合，現在即使極小的磨合，反成為了樂趣。這正正是經典的「變態」婚姻。婚姻會令人「變態」——這是説一方或雙方會「改變」態度。對人對事的看法態度改變，隨之而來的是什麼也可以改變。不會再「包頂頸」（即什麼都辯駁），説什麼都不能變，變與不變視乎你的愛有多深，愛到可以為她而死，那又有什麼不可改變呢？

我由衷地相信，上帝設立婚姻，是要藉着婚姻來幫助人、祝福人。然而人的自我，自私地把這祝福變成咒詛。我深信那人獨居不好，因為獨居使他不知怎樣愛人。沒有愛的對象，如何去愛？婚姻其中一層意義，是要我們放下自己，學習去愛別人，從而學習愛自己。否則上帝何必這樣麻煩造一個女人呢？如果上帝為阿當造一個弟弟阿Joy，與阿當同住，是否從此就能天下太平，煩惱一掃而清？天長地久，只有手足之情就足夠？

學習去愛另一半，即是學習愛自己。

明天我要和一頭豬結婚了！

某基督教報章曾報道美國有關同性結婚的新聞，據聞一些州政府已考慮把婚姻重新定義，以便相同性別的人可以合法地結婚。假如上帝曾經後悔創造了人類，我相信祂更深切地後悔為人類設立了婚姻制度。上帝看到「那人獨居不好」，所以造了一個配偶幫助他。人卻因着自己的貪婪、自私和自我，把上帝造的配偶變作怨偶，且把婚姻的祝福變作咒詛。上帝所設立的婚姻制度，是這樣界定的：「一男一女，一夫一妻，一生一世，因為上帝所配合的，人不可分開。」所以婚姻是條不歸路，結了即不可分。但世事無絕對，現代人不少是「一結即分」，最近報載香港最短的婚姻是一日，結婚一日即分手，厲害！

現代人更「厲害」的地方還有很多：當現代人守不了某些規條，他們便把這些規條「標籤」為過時，然後加以修訂或廢除，更高層次是「重新界定」，例如把向別國發動的戰爭，界定為「反恐」，貿易戰爭定為「回收」等等。在香港各派爭吵多時的「民主」，也是典型的例子，因為大家界定的「民主」各有不同，難下定論。

婚姻生活中，因着界定意義的不同，而衍生的矛盾也是多不勝數。

三十年前婚後的首頓飯餐，老婆大人在廚房大叫：「執枱食飯！」正在埋首閱報的我，在客廳大聲回應：「知道！」然後即以迅雷不及掩耳的速度，快速完成，再繼續我最擅長的工作——閱報。老婆由廚房出來即大罵：「叫你執枱食飯，為什麼不照辦？」這是愛妻部落的十大冤案第一號——「執枱食飯事件」。原來我黃家的「執枱食飯」，是指拿走飯桌上的東西，把飯桌整理清潔，便算完成，但老婆大人的家規，「執枱食飯」除了上述動作，還要擺設筷子、湯匙等吃飯用具才算。所以，當老婆大人首次叫我洗碗，我說：「且慢，先界定何謂『洗碗』。」當然，這只會招來一頓臭罵，然而這些界定討論是不可或缺的啊！

假如重新界定婚姻，不再是現行的一男一女，一夫一妻，而以「一男多女，多男多女，多男一女，一男一男，一女一女……」代之，或更富創意：「人與動物，人與物件……」試想想婚姻是否就可如此多姿多彩？只要我們把婚姻定義重新界定，則不但合法，且合情合理？這似乎是天方夜譚。然而這很難保證，某天你的朋友告訴你：「明天我要和飼養的那頭豬結婚了。」說不定那日子的到來，可能比香港一人一票的普選來得更快！

把結婚時的婚姻誓詞再看一遍，
重新認定雙方，認定婚姻是條不歸路。

快閃式婚姻

潮流興快閃，過去有「快閃黨」，而現在的所謂「快閃黨」已融入各個階層及各色人等。民主有「忽然民主」或「忽然不民主」，愛國有「忽然愛國」與「忽然不愛國」，愛妻亦有「忽然愛妻」與「忽然不愛妻」，而政府高官必定有的拿手絕技，也是「快閃」。一些重要典禮邀請高官主禮，預期例必遲到，兼且來也匆匆，典禮甫完結，高官「快閃」得無影無蹤，已是司空見慣，不用大驚小怪。曾有「撐」普選活動，有前高官「快閃」去恤髮，招人話柄，其實「快閃」已是人之常情，人之看家本領啊！

不少人面對賣旗籌款時，總是左閃右避。男士面對女友迫婚時，同樣如此，直至閃無可閃之時，還要竭盡所能，作其終極一閃 —— 逃婚。上帝懷着一番美意，「見那人獨居不好」，就是為他造一個配偶，撮合他們。人卻把婚姻弄得怪怪的，在婚姻外圍的人，千方百計要進入婚姻，不惜付上高昂的代價。據報道現今百物騰貴，再加上黃金漲價，一般婚禮動輒要花數十萬港元，確是代價不菲，但想結婚的男女仍然趨之若鶩。

已婚人士卻不甘寂寞，他們用盡一切方法要跑出婚姻，跑不出來的，也要搞婚外情來湊湊熱鬧。結果是讓香港的離婚率，亦和股市一樣屢創新高。兩對結婚，便有一對離婚，實在不算不高啊！不但如此，近年的夫婦更不時上演「愛你愛到殺死你」的婚姻悲劇，叫人觸目驚心。

以往，中國人的婚姻被評論為：「高穩定，低質素」，意指中國夫婦的關係已經千瘡百孔，但仍然為了子女或面子問題，表面上維持婚姻關係。隨着女性經濟獨立，離婚法例較前寬鬆，這「高穩定，低質素」的說法，也都不攻自破了。

現今不單是離婚率高，由結婚到離婚的日子，也在「追求」速度。以往什麼七日情，一月情，相對來說已是「天長地久」。報載一位上市公司董事與珠寶商女兒「一結即分」，成為頭條新聞。據說兩邊親家在婚宴後，因事爭吵，新郎竟拋下妻子一走了之。美滿婚姻只維持了一日，女方向法庭申請頒令婚姻無效。根據一些法律專家的意見，結婚註冊後任何一方不能或拒絕洞房，另一方即可申請婚姻無效。無論如何，這宗「快閃」婚姻已帶給香港人不少茶餘飯後的話題，但我更希望這則新聞，可帶給已婚人士、打算結婚的人士一個很好的警惕與提醒。結婚只是一個開始，婚姻是一條漫長而曲折的路，實在需要雙方互相扶持、體諒、包容和忍耐。

結婚只是開始，認定彼此是同路人，同心同行。

入場費與離場費

近年不少新婚博覽會都提供「一條龍」式服務，由婚照、婚禮至婚宴，提供貼身貼心的服務，你更可以選擇離岸式婚禮，即是在關島、夏威夷或澳洲等地方舉行婚禮。那邊廂，有人卻舉辦離婚博覽會，提供離婚的法律諮詢及輔導服務。據聞奧地利首都維也納舉辦第一屆離婚博覽會，不但指導人們如何離婚，還協助他們找到新愛，並且在會場提供DNA測試，一旦發現自己的子女不是親生的，便可即席尋求離婚服務。

前文已提及，婚姻在現今社會是一場很奇怪的遊戲，婚姻外圍的男女要擠入婚姻，婚姻內的夫婦卻不惜付上代價，拼命的要逃出去。痛定思痛，歷盡艱辛逃出去的人，不少又重蹈覆轍，再次擠進婚姻這場奇怪的遊戲中。

忽發奇想，香港要成為會議之都，與澳門爭一日之長短，不妨考慮舉辦另一類的大型婚姻博覽會，一邊是新婚博覽會，提供有關結婚的講座、展覽及諮詢等；一邊是離婚博覽會，則提供有關離婚的服務，並可安排大、中、小學組團參觀，順道提供道德倫理課，或通識課等。從離婚的統計數字來看，奧地利的離婚率是每三對結婚，兩對離婚，香港也不甘後人，大概是每兩對結婚，一對離婚，看來這是一門很有潛力的「生意」。

據聞今年特別多人結婚，普通的婚禮要二十至三十萬元，一些什麼的「水晶婚禮」，聽說更要九十多萬元，結婚這場遊戲的入場費，算不算嚇人？相對這遊戲的離場費，九十多萬可真是九牛一毛。幾年前，香港的「電器大王」與妻子結束四十四年婚姻生活的時，同時要給妻子分享其五十億港元的家產。而在2003年，通用電器公司前總裁也為這場遊戲，付出了二十七億港元的離場費。這樣看來，似乎離場費比起入場費，要付出較昂貴的代價，不知道現在打算擠進這場遊戲的男男女女，是否真的需要：停一停，想一想！假如他日要離場的話，除了付出金錢的代價，可能還有更多、更昂貴的無形代價要付出。

結婚前，要三思而行，當然不單是指婚禮要花費的金錢。

屢創新高的……

各位看到文題，不要以為我跟隨香港一眾有識之士般談股論樓，「屢創新高」是指報章報道香港的離婚數字，於二十五年間急升八倍，這是相當嚇人的！但對香港人來說，卻是「小兒科」，因為香港人是給數字「嚇大」的，我們每天都活在數字的驚嚇中。根據政府統計處的資料顯示，本港的離婚數字，由1981年的2060宗升至2006年的一萬七千四百二十四宗。而結婚年齡不斷延後，男性初婚年齡中位數由1981年的二十七歲延至2006年的三十一歲，而女性的，則由二十四歲延至二十八歲。不但如此，任何一方或雙方再婚的數字也創新高，由1981年佔結婚率的5.06%，激升至2006年的33.6%。

香港的離婚數字急升，這顯示了女性在各方面都較獨立。不單反映在經濟上，也在事業及思想上，加上女性的社會地位不斷提升，社會對於離婚的接受程度亦相對大了，這是現今社會的趨勢，而香港離婚法例的修訂，也讓趨勢更為加劇。結婚、離婚與再婚，涉及雙方的性情、互相溝通及相處等等，是十分複雜的事情。

坊間較多探討的是結婚與離婚。不少書籍或講座都指導人如何面對婚姻、婚前預備、夫婦相處，亦有機構舉辦美滿夫婦營等，反而再婚是比較陌生的課題。

婚姻裏面的人不顧一切的逃出去，本港的再婚率及離婚率持續上升，清楚顯示出逃出去的人，理應曾經傷痛，而遠離婚姻的了，奇怪的是他們還是拼命要再擠入來。其實再婚人士要背負很大的包袱，不單是曾經滄海的傷痛，也要面對子女養育問題，以及旁人的冷眼，而女士的情況會更糟，這也是男士再婚率較女性為高的原因。

假如我要簡單而直接地描述結婚、離婚與再婚，可有如下所述：

結婚是因為「好奇」，
離婚是因為「了解」，
再婚是因為「不服氣」！

看了統計處有關結婚、離婚與再婚的數字，雅興大發，為一首歌改編歌詞，為婚姻數字的屢創新高而「贈慶」，希望有興趣的讀者能繼續完成：

出生率是低了點，離婚率是高了點。

結婚是遲了點，離婚是早了點。

結婚是「豪」了點，離婚是「慳」了點。

吵鬧是多了點，溝通是少了點。

指摘是多了點，包容是少了點。

婚外情是濃了點，婚內情是淡了點。

事業是看重了點，家庭是看輕了點。

嚕囌是多了點，關心是少了點。

……………………………………。

再婚比起離婚，更需要勇氣。
結婚何嘗不是？勇氣之外，還需三思而行，如果你還未結婚的話。

「魔戒」救人

結婚戒指是一枚充滿「魔幻神奇」的戒指。在證婚牧師口中，說明它是見證了「上帝配合的，人不能分開，以及見證了夫婦在婚姻生活中的完美，猶如白金般的堅貞」。一般在教堂舉行的婚禮，白金戒指都成了定情信物。曾有網友提議情人節以「玫瑰太貴，芹菜代替」的「超級創意」行動。至今我仍未聽聞在教堂婚禮，有人以其他物品代替戒指。或許有的結婚儀式，說不定有人以手錶代替戒指，以示：「戒指價值低，『金勞』(Rolex)顯富貴」。

從負面的角度來說，結婚「魔戒」就好像孫悟空頭上的金剛箍，把戴上的人規範和約束，時刻提醒戴上「魔戒」的人，自己已是心有所屬，旁人不得意圖或企圖有任何破壞人家婚姻的想法。我這擁有三十年的結婚「魔戒」，指環內圈還刻上了老婆大人的芳名，更為這「魔戒」平添更多「魔力」！曾在一齣電影中，男主角受到女角挑逗時，他舉起手展示其「魔戒」，免卻讓他的婚姻陷入危機，救他脱離很多的引誘。「魔戒」確實有助人助己的作用，幫助別人容易分辨哪些是已婚人士，也提醒自己曾經對所愛的人許下盟約，並要承擔責任。

我看過一段花邊新聞，結婚「魔戒」真的可以救人一命，叫已婚人士對結婚「魔戒」更為重視。事情發生於2012年12月的美國密西西比州，一位已婚男士開設古董店，一個早上，兩位持鎗賊人假扮顧客入古董店打劫，賊人搶去藏品及大筆現款後，還向這男士的頭部開鎗，奇怪的是，這男士只傷了手指。原來賊人開槍，「砰」的一聲之際，這男士本能地舉起手臂擋子彈，而子彈剛好射在他所戴的結婚「魔戒」上，所以他只是傷了手指，原來結婚「魔戒」，真的有「保護」用途。

從積極角度來看，結婚「魔戒」不單是件信物——它提醒我們信守結婚盟誓中所許下的諾言。假如配偶不在身旁，它則幫助我們，藉着思念牽掛，叫配偶的愛與關懷，以及支持，常與我們同在。所以不要輕看這小小「魔戒」的魔力。你明白並相信結婚戒指的含意，它便是法力無邊，助己助人的，否則它與首飾店窗櫥內的戒指並無兩樣。各位已婚人士，好好地把結婚「魔戒」戴在手上，更要把配偶掛在心上！

請定睛看着結婚戒指吧！
它會散發「魔力」，叫你憶起你和配偶一同經歷的日子，
喚起婚禮時所許下的結婚誓詞。
（不記得便找來看吧！）

老公寄存處

相信你聽過有衣物寄存、行李寄存，「潮」一點的有寵物酒店，即寵物寄存。傳媒報道，深圳某些商場開了寄存業的先河——「老公寄存處」。被寄存的老公大都是垂頭喪氣、無精打彩，像被主人遺棄的寵物般，有點叫人「鼻子一酸」！或許有些曾經歷過此苦的網友，便「義正詞嚴」地指出：「這種為吸引眼球，不顧消費者感受的幽默，未免有點過分，也有幾分譁眾取寵之嫌。」我相信商場如果把「老公寄存處」改為「老公休息處」，肯定沒有傳媒報道此事。

我和老婆大人逛商場，肯定不需要「老公寄存服務」。通常我們會先來一段「嘉亨式十指緊扣」(「嘉亨」指一對名人夫婦)。逛商場時，來一個「軍人式對錶」，校準雙方手錶的同步時間，再來一記「旅行團式集合」協議，接着是「放虎歸山式」各自各精彩。老婆大人逛她的：時裝、手袋、精品店。我逛我的：電腦、書店、音響器材店，正是「分有時、合有時」，大家各逛所需，豈不快哉！

我和老婆大人未實施「放虎歸山式」政策之前，大家逛街時都異常痛苦。她陪我逛電腦商場、音響店鋪；而我則陪她逛時裝店、手袋皮鞋店與精品店，「陪者」同樣極度苦悶，並且「驚險萬分」；事緣在一些狹窄的時裝店鋪內，店內女客人全部進入「忘我」境界，偶一不慎，遇有身體接觸，被人誤會事小，毀我「清譽」事大，所以我通常選擇避免進入「險境」，特別是狹窄而人多的店鋪。故此，「放虎歸山」大計也是在痛苦的磨合中誕生。所以我對被「寄存」在商場內的男士，寄予深切的同情和體諒。我衷心期盼這羣被「寄存的烈士」，你們「拋頭露面」的犧牲小我，能帶給「忘我」購物的女士，作出深入的反省和悔疚。

事實上，除了一些女士將老公寄存在商場的「老公寄存處」外，部分已婚女士也將她們的老公寄存在其他地方，有些把老公寄存在工作間，有些把老公寄存在別人的家中。我實實在在的勸告已婚女士，若要把老公寄存，還是寄存在自己的「私家倉」（家中）來得穩妥。

過度黏附，或把配偶「寄存」過久，都是鐘擺的兩端。
共同尋找生活的「中庸」之道，婚姻才會天長地久。

夫妻相的前因後果

中國人有所謂「夫妻相」，意指夫婦的容貌相似。有人認為這是無稽之談，並無科學根據。但一些西方心理學研究發現，有不少夫婦都會容貌相近，「夫妻相」並非偶然；心理學家指出，人類往往傾向於信任或偏袒容貌與自己相似的人，這種「本能」有助解釋為何男女擇偶或青少年結交朋友時，往往會選取形貌相近的人。當人面對具有自己容貌特徵的人，例如咀形或鼻形相似，他們會表現得慷慨大方，且較信任對方，相反的話，他們則會表現出自私和不信任。

同樣地，當男女選擇配偶時，他們傾向外形容貌與自己相似的人，這些研究可以是解釋「夫妻相」的科學理據，這是「夫妻相」的「婚前因素」，我簡稱這些為「前因」。也有一些夫妻，結婚時二人的容貌及形態完全不相似，但經過十年八載的緊密共同生活後，二人的面相、外形，以至舉手投足等的相似度，與日俱增。你可以細心留意「萬人迷」碧咸與太太「辣妹」的面相容貌，愈來愈相似，便是「夫妻相」的最佳例證。

我和老婆大人經過這麼多年的「肉搏煎熬」，也成為「夫妻相」的活生生見證，正是「有其夫必有其妻」。我僅列出數點以作説明：

1. 老婆大人的消費品味愈來愈像我，我的品味很簡單：「我只喜歡好的東西」。很可惜，好東西通常是昂貴的。如此下去，假如我們離婚的話，什麼資產平均分配，對我們是毫無意義的了。
2. 老婆大人的精明和反應也愈來愈像我，以往她對我的消費是「漠不關心」，現在則是「熱情查詢」，並且「轉數」奇高，對音響器材估價的能力緊貼市場。以往她對我買回來的音響器材一點也沒興趣，但現在她對音響價格卻深感興趣：「你這部膽機不像二萬多元這麼便宜啊！」
3. 我和老婆大人不單容貌相似，連消閒方式也愈趨相近。甚至在生活的細節，如讀報的投入程度，她也叫我甘拜下風：「報紙在手，什麼不管，渾然忘我，一黏不脱。」老婆大人的「讀報神功」完全盡得我的真傳！佩服佩服！

物以類聚，二人結合，容貌、習性愈是相似相近，
足證雙方關係親密。

由散餐到全餐

我曾寫過的金句，除了「男人不鹹濕，匯豐都會『執笠』」帶來很大回響外，另外一句「愛情是甜蜜的，婚姻是現實的」，也帶給不少男女的深層反思。婚姻原是上帝送給人一份禮物和祝福，現今婚姻卻已變質，成了負累和咒詛。怪不得結婚和購買電腦變成為人生最快後悔的兩件事。不少結婚數月的人都抱怨：「早知不結婚！」現代人似乎只懂得「搞」結婚——浪漫溫馨的婚禮，超豪「做騷」的婚宴；卻不懂「享受」婚姻——享受男女之樂、享受兩人相交扶持、享受兩人面對人生起起跌跌的樂趣！因為我們不把婚姻個人化，卻把婚姻商業化，一些名人把婚禮當「商品」出售是典型的例子。

假如婚姻是件商品，那麼商品便一定有「賞味期」。一般說法有所謂「七年之癢」，但一位諾貝爾經濟學獎得主的研究發現，婚姻的滿足感卻比以前更快消失，約四、五年已開始走下坡，婚姻的「賞味期」要提前至「五年之癢」。他研究過德國逾三萬名男女，發現雙方墮入愛河時很開心，婚禮及結婚將滿足感推上高峰，由於人類注意力周期有限，滿足感不會長久。四、五年後，雙方對配偶的不滿浮現，離婚似乎是惟一選擇。在西方社會，每三對夫婦，便有一對離婚收場。這位諾貝爾經濟學獎得主更指出，多做心理練習可能有助延長婚姻的蜜月期，不過未有證據顯示有效。他倒也誠實得可愛，心理練習肯定不管用，多看本書，或許還來得有效些。

「愛情是甜蜜的，婚姻是現實的」，已婚人士千萬不要期待婚姻生活永遠處於激情、溫馨、浪漫和旁若無人，因為結婚是兩個人的事，也是兩家人的事，一旦結婚，你的親戚朋友即時倍增。婚前的優質生活：「飯來張口，錢來伸手」，即時消失於無形。不但如此，婚前你的愛侶用望遠鏡來看你的行為舉止談吐，婚後卻用顯微鏡來仔細要求你，一切缺點無所遁形。難怪一位電視女星説她一生追求愛情，把事業放在一邊。初步結果是天從人願，她幸福地嫁給商人，過着養尊處優、相夫教子的少奶奶生活，結果卻是五年餘便離婚收場，她自己也慨歎：「愛情是短暫的！」但我卻要告訴大家：「婚姻是永恆的！」

愛情是一個套餐，正如人是一個整體般。許多人視愛情只是個「散餐」或「自助餐」，可以自由組合，任意取捨。當我們幸運地或不幸地喜歡一個人，決定與他 / 她白首偕老，我們也同時決定與他 / 她的優點、缺點、背景、家人和他 / 她生命上的每一個細節白首偕老。愛他 / 她就要愛「全套」，你懂嗎？

經營婚姻，是細水長流的志業——
享受男女之樂、享受兩人相交扶持、
享受兩人面對人生起起跌跌的樂趣！

白首難偕的現實

唐滌生的名作《紫釵記》中，霍小玉在〈花前遇俠〉的一段，有幾句獨白：「黃金散盡，白首難偕，才子負心，佳人薄命。」簡簡單單的四句，道盡古今薄命女與薄倖郎哀怨纏綿的故事。年初，一位母親勒死兒子，然後吊頸自殺，這宗家庭倫常慘劇轟動全城，慘劇的背後也帶出了：「才子負心，佳人薄命」的故事。

根據報章報道，事主丈夫為大學講師，生於內地書香之家，早年移居香港，學業有成，並在大學教書，深得學生愛戴。事主在大學工作，結婚後，專心做家庭主婦，相夫教子。他們育有一名十歲兒子，聰明伶俐、學業優秀，一家人住在港島自置豪宅，這是許多香港人夢寐以求的「神仙眷屬」。傳媒也各盡「天職」，發掘慘劇背後很多的故事。我看到這家庭的照片，也不得不承認，這真是一個郎才女貌的幸福家庭。其他的照片，更清楚看到事主丈夫高大英俊，事業有成，年輕有為，相中大部分都與女學生合照，果真是「婚外情」的優秀材料！據事主家人透露，事主丈夫有婚外情，傳與內地一位女明星有感情關係，而事主近年為精神病患者，曾有自殺記錄。有人怪責母親狠心，不應把兒子殺死，也有人怪責丈夫負心，「玩女人搞明星」，將美滿幸福家庭，弄至子亡妻喪。雖説清官難審家庭事，但如此美滿家庭，卻有這樣的結局，確是叫人唏噓感慨！

現今的男女愛情悲劇，標題可轉為「佳人負心，才子薄命」，這是相反的結局，可説是男女平等的表現。事主是二十九歲男子，事主的女朋友在情人節前夕提出分手，令事主大受打擊，終日悶悶不樂，最後選擇在住所一躍而下，自殺身亡。

不論是佳人或才子負心，另一半是否一定薄命呢？我看也不是必然的。現代男女的離離合合，就像日出日落、晴天雨天般的自然現象！有趣的是，沒有人生下來便懂得處理感情，男與女的「聚」，我們一知半解、男與女的「散」，我們更是一片空白。面對感情，我們是否需要重新學習呢？

説實在的，人的生命無比奧祕，且有多重的意義及方向，男女之情，也只不過是生命裏眾多枝節的點滴。一位友人囑咐我，要千萬留心內地某城市的女人，他說不要給她們看上，否則不管已婚未婚，「一黐不脫」。所以，除了鼓勵男士不要做負心郎，要盡心竭力的去愛你的另一半，也祈求上帝：「不要叫我們遇見試探。」否則，以人性的貪婪，柳下惠也難以逃脫。

認定了就要愛到底。
聚散本無常，聚時竭力去愛，散時放開心懷，
生命眾多支節，還有待發掘。

婚姻「賞味期」

有人説婚姻是戀愛的墳墓，也有人戲稱：「結婚結婚，結完就分。」根據香港統計處在2012年底的資料顯示，由1981年至2011年這三十年間，香港離婚率急增十倍。簡單來説，差不多每二至三對新人結婚，就有一對離婚。有人認為情況嚴重，有人認為「合則來、不合則去」，不用大驚小怪。事實上，在2000年，英國權威刊物《經濟學人》的統計顯示，香港離婚率已登上亞洲排名第二位，僅次於台灣及日本。

不管「七年之癢」是否金科玉律，但婚姻的「賞味期」似乎是愈來愈短了。美國一位心理學家經歷過婚姻失敗，他設立了一間叫「愛情實驗室」的婚姻研究中心，把研究資料以數學方式計算出來，得出的結論是：婚後第一至七年為高風險期，但最危險的並非第七年，而是第五點二年，很多夫婦在這段期間弄至離婚收場。另一個危險時期是婚後第十六至二十年。婚姻結束的主要原因不是吵架和打架，而是互相批評、蔑視、自我保護和築起圍牆，導致夫婦間出現隔膜。

近年，婚姻的「賞味期」已由七年之癢極速提高至兩年半。英國在2008年一項調查發現，婚後的浪漫時光平均只維持兩年六個月零二十五日。正式踏入第三年，有86%夫婦表示對慶祝結婚周年紀念感到厭煩，而可能是最短的婚姻「賞味期」，前文已有提及，發生在2012年的台中，一對夫婦的婚姻只維持了一小時。事緣台中一位男士與相戀兩年的女友註冊結婚，辦妥手續後，妻子即時要丈夫履行承諾：買進口車及名牌手袋。結局是兩人返回戶政事務所辦離婚，婚姻「賞味期」歷時一小時。

世事無絕對。也有夫婦信守「天長地久」、「白頭偕老」的誓言，以他們的婚姻去證明：「愛情，眾水不能熄滅，大水也不能淹沒。」（《聖經．雅歌》八：7）美國的一對夫婦就用了一生，忠實地履行了「執子之手，與子偕老」這諾言，丈夫在一百零三歲逝世時，他跟同齡的太太的「馬拉松婚姻」，已跑了八十三年零五個月。而英國一對夫婦也創下了婚姻「賞味期」長達八十年的健力士紀錄，他們的重點是彼此相愛，「祕訣」是永遠不要讓爭拗惡化。

我衷心期盼：天下間終成眷屬的有情人，婚姻「賞味期」也和這英、美兩對夫婦一樣「天長地久」。事實上，一男一女、一生一世的婚姻並不是戀愛的結局，也不是激情、浪漫的結束，乃是提供夫婦兩人學習的機會：學習和一個性格不同、背景相異的人廝守一生；學習忍讓、學習包容、學習替對方着想、學習用對方的思維及角度去看事物、學習為所愛的人犧牲！

其實，婚姻是沒有「賞味期」的，
結婚時許下的盟誓，本就是相愛到白頭，直至雙方離世為止。

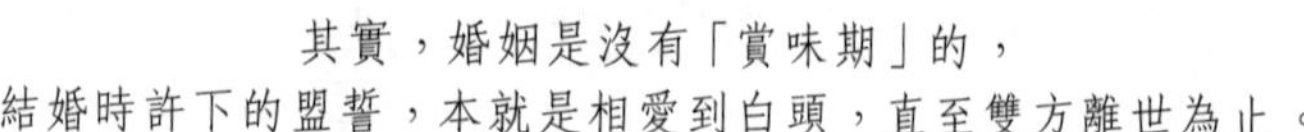

更美滿婚姻三部曲

英、美數學家研究出一條美滿婚姻的方程式，據說準確度達九成以上。研究員邀請七百名新婚夫婦進入實驗室，用十五分鐘談論雙方容易引起爭論的話題，包括金錢、性生活或姻親關係等，並把過程拍攝下來。接着研究員觀看錄影帶，若果他們談論時語氣溫柔、說笑或以深情語言來對應，就給予得分。相反，如他們表現生氣、冷淡、雙目不停轉動或以嘲弄語氣對應，則給予負分。跟着研究員再將分數輸入「婚姻方程式」，分析夫婦性格及預測婚姻美滿度。相隔十二年，研究員再了解每對夫婦的婚姻狀況，得出了結論：最終能携手終老、婚姻美滿的夫婦是「性格相投又懂互相尊重」，要不就是「努力避免爭吵」。

雖然這些英、美數學家得出的美滿婚姻方程式，有點兒像「阿媽是女人」這般簡單，事實上，他們的結論包括了兩個重點，一是婚姻關係中一個重要元素——尊重，另外一點是獲得美滿婚姻的夫婦，他們都竭力去維護婚姻，這給夫婦們一個很重要的啟示。你有竭盡所能的去維護婚姻關係嗎？

每段婚姻都像唐三藏取西經般，總會經歷不少的困難和挫折。男女的差異、成長背景的不同、思想及處事方式各異，夫婦要一生一世，同偕白首確是不容易。我主講一些婚前講座時，也經常提醒準備結婚的年輕人：戀愛是兩個人的事，婚姻則是「兩村」人的事。戀愛是沐浴愛河，婚姻是「日哦夜哦」。戀愛是隔岸觀火，婚姻是「埋身肉搏」。

美滿婚姻面對很多障礙，特別一提的，是溝通和「課外活動（婚外情）」。夫婦的溝通是婚姻的一大課題，改善夫婦的溝通，除了多點時間相聚，多談心事外，最簡單的還是：多擁抱、多親吻、多讚賞及多說謝謝。「課外活動」則是美滿婚姻的破壞王，不少美滿婚姻都因夫或婦的「課外活動」而徹底摧毀，也破壞及拆散了不少美好家庭。我除了祈求上帝不要叫我遇見試探，更讓《聖經》十誡中的第十誡時刻提醒自己：「不可貪戀人的房屋，也不貪戀人的妻子、僕婢、牛驢，並他一切所有的。」我經常警惕自己：「不要貪戀一切不屬於自己的東西，包括感情、事物、金錢及名利等。」

我經歷了三十年婚姻的美好時光，也寫了不少有關男女關係，夫婦相處的文章，美滿婚姻要「升呢」，一定要為你所愛的人做三件事，我稱為「更美滿婚姻三部曲」，為什麼是「更美滿」，因為沒有「最美滿」，只有更美滿，婚姻才可不斷進步。

三部曲是為你所愛的人——

付上一切，

放下一切，

犧牲一切！

讓婚姻更美滿的三部曲：

付上一切，放下一切，犧牲一切！

沒有優先次序，要的是持續不斷地實踐，愛是永不止息。

做個愛妻號

枕頭下的異物

父親節前夕，收到小女兒的禮物，由她親手做的相架，放上一幅全家福的照片，相架背後還寫上：「……盡在不言中……父親節快樂。」好一句盡在不言中，言有盡而意無窮，真是如蜜甘甜。看着看着，那種甜蜜好像滲進了心靈的深處。培育小朋友確實是件不容易的事情，她今天肯定是放下了「魔鬼」的角色，讓我們看看其「小天使」可愛的一面。

近幾年生活逼人，如什麼教改，三三四新高中學制早已把人逼瘋了，我已大大減少藉着送禮，而帶給老婆大人許多的驚喜和「驚嚇」。我送禮物給老婆大人，不着重於禮物本身，只着重於送禮達到的效果。這樣可以減少每次送禮的成本，卻能增加送禮的次數，所以，很多時候令老婆大人「驚嚇」的，都是一些自製的心意卡或禮物。特別日子當然是例外了。

因為物輕，所以要情意重，情意包括兩種東西：一曰感情，這是指你了解老婆大人有多少，例如她的喜好；二曰創意，這特別是指用什麼方式送禮和送禮的時間、地點等。以下方式可以幫助你送禮時搞搞新意思。

1.「估你唔到」——不按牌理出牌，總而言之，是應送時不送，讓充滿期待的失望而回，叫沒有盼望的驚喜交集，能有這樣的效果，這一招你已學得八八九九了。
2. 按收禮者的生活方式送禮——你的老婆大人期待結婚周年收禮物，但一切慶祝活動已完結，當極度失望時，要上牀睡覺，更換睡衣，這時才發現你的心意卡，猶如在沙漠中發現了一灘水般，聊勝於無之際，當她躺下，突然發現枕頭下有異物！——原來是她期待了整天的結婚周年禮物。兩層粉紅色珍珠項鏈戴在她的頸項上，把她打扮得如皇妃般高貴。劇情會如何發展？相信已婚夫婦想像一下，已發出會心微笑。另外，善用老婆大人的生活習慣，例如把禮物，心意卡放在電飯煲內，或她每天穿的皮鞋，或使用的水杯、手袋、煮食用具等。有些細節要注意，一些易碎的或小件禮物（如二、三卡的鑽石等），避免讓老婆大人吞下或棄掉；也務須緊記不要誤中副車，引起家中的外傭的誤會。切記！
3. 一些名牌的宣傳廣告都是很有質素的，把報紙的廣告剪輯，或二次創作，或借用一些合用的情詩，那將是一些「本小利大」的超級禮物，環保又浪漫，何樂而不為。

以上招數，絕無版權，歡迎採用或改良，但後果及效果自負。

送禮物給另一半，不在乎禮物，只着重效果。

愛妻十誡

早前梵蒂岡發出警告，指出汽車偶爾是罪惡之源，並為汽車司機推出「新十誡」，頒布好司機十大規條，誡條如下：

1. 不可殺人。
2. 道路應與眾人分享，不應構成傷亡。
3. 禮貌、正直、謹慎可助你處理不能預計的事情。
4. 互望互助，關懷車禍傷者。
5. 不能以汽車作為展示力量或罪惡的途徑。
6. 勸籲駕駛者在身體不適時請勿駕駛。
7. 支持車禍死傷者的家庭。
8. 促成犯罪的司機與傷者和解。

9. 在路上保障易受傷的人士。
10. 對他人負責。

這個「新十誡」沒有什麼新意，但卻是踏實可行，促進人與人之間的關懷，值得駕車者好好深思。

正正因為這駕車「新十誡」，讓我想起愛妻部落也應有「愛妻十誡」，凡我愛妻信徒都要深思，並恆常地持守，好叫你家庭和睦，凡事亨通，夫妻和順，白頭到老：

1. 除了老婆大人，不可親近或意圖親近其他女人（母親除外）。
2. 不可為自己私留金錢、時間以及各種形式的收入，必須全部上繳「中央」（老婆大人庫房）。
3. 當記念老婆大人生日以及結婚記念日，並當守為「喜樂進貢日／送禮日」。
4. 當孝敬外父外母，好叫你在世的日子好過。
5. 當每日親吻老婆大人，以示堅貞。
6. 當每日用心細看老婆大人，關愛其肉體及心靈健康情況。
7. 當每日客觀及具體地稱讚老婆大人各方面的成就，好使她保持喜悅、樂觀和自信，這是她終身美麗的泉源，也是丈夫的幸福所繫。

8. 當每日熱情地擁抱老婆大人，並在她耳邊輕説你是多麼愛她，讓她感受婚姻的愛護，關懷與温暖。

9. 當樂意承擔家中不少於一半的大小事務，以展示一家之首的責任承擔。

10. 最後也是最重要的，不可偷情、偷歡、偷心、偷懶、偷……

愛妻十誡，以愛成全，
恒常持守，相愛白頭。

絕世好男

最近看到一份「中國情愛城市調查」的新聞，其中一項結果引起我注意：「上海男人是結婚的好對象。」為什麼我特別注意這則花邊新聞？事緣在多年前，我看到中國女性選擇結婚對象時，上海男人也是獨佔鰲頭。上海老公是公認的家務助理，在當地的街市，你會看到不少上海男人在買菜，討價還價的本領，比起許多女士更「專業」。據聞，上海男人挑起家務擔子的比率，高佔六成七，可謂絕世好男，殊不簡單！

還記得愛妻十誡中的第九誡嗎？「當樂意承擔不少於一半的大小事務，以展示一家之首的責任承擔」。上海的絕世好男在這方面，可說是無可匹敵。有人說上海男人是典型的「馬大嫂」，這是「買、汏、燒」的諧音，意謂上海男人在買餸、洗衣服、煮菜燒飯等家務，都是箇中能手。各位女士，撫心自問，誰不希望自己的丈夫能分擔家務呢？雖說一般香港家庭大都聘請家務助理，但誰不想再加上「馬大嫂」這位「超級阿四」呢？

當然，你不能單憑「馬大嫂」這小道工夫，便希冀成為絕世好男，最低「消費」還要加上以下的「愛妻宣言」，這是愛妻部長從網上借來一用，好讓我等愛妻一族在這方面「持續進修」：

我等愛妻一族謹以真誠宣誓：

太太絕對不會有錯。

如果發現太太有錯，一定是我看錯，

如果我沒有看錯，一定是我的錯，才害太太犯錯。

如果是她自己的錯，只要她不認錯，她就沒錯，

如果太太不認錯，我還堅持她有錯，那就是我的錯。

太太絕對不會有錯。

總而言之，打從結婚起，太太絕對、絕對、絕對不會有錯！

此誓。

自此以後，「馬大嫂」再加上排除萬難，堅定不移地落實「愛妻宣言」，你想當這個絕世好男，庶幾近矣！

「愛能遮掩一切過錯。」
(《聖經 · 箴言》十：12)

四項堅持

前國家主席胡錦濤一次在結束其三天的「慶回歸訪港之旅」，離港前為本港第三屆特區政府新班子監誓後，發表講話，總結了香港回歸十年的經驗，他提出了四項堅持：

1. 堅持全面準確地理解和執行「一國兩制」。
2. 堅持嚴格按照基本法辦事。
3. 堅持集中精力發展經濟、改善民生。
4. 堅持維護社會和諧穩定。

其實胡主席也只不過是拾人牙慧，因鄧小平同志在1979年時已經提出四個堅持，這是舊瓶新酒而已。反之愛妻部落的愛妻一族，其四個堅持肯定是創意無限，石破天驚。愛妻一族的四個堅持：

1. 堅持每日一抱——這是指每日臨睡前或起牀後，至少情深款款地擁抱老婆大人一次或以上，每次擁抱不少於一分鐘，好讓雙方細細品味，從上帝創造男女身體上的奇妙之處。這是四個堅持中最為基本的。
2. 堅持每日一吻——每日在安全而又不干擾他人的情況下，全情投入地親吻老婆大人，讓老婆大人每日都可以回味兩人初吻時的火熱與溫馨，當然這深情一吻，是與大丈夫的錢包一樣，宜「濕」不宜「乾」。
3. 堅持每日一看——這是高難度及高層次的一個堅持。沒有深度，則會流於表面「行貨」，要用傳情的眼睛看遍老婆大人每個部分，最後，目光停留在老婆大人的面部，流露關懷愛護的眼神，與老婆大人期待的目光深情地交流。
4. 堅持每日一讚——這需要高度智慧、銳利目光以及精確言語的表達。事實上，任何人都喜歡別人的欣賞和讚美。但中國人都不太懂得讚賞或被讚賞，我們可由最基本的部分開始，例如服裝、飾物、食物等，然後逐步提升層次。不論怎樣，讚賞須建基於客觀的事實，不管是有形或無形的。

四項堅持，是需要愛妻一族每天持之以恆的實踐，起初可能出現「論盡」的情況，但假以時日，這四項堅持，會慢慢成為你每日不可或缺的愛妻「殺着」。

四項堅持到底，其實就是堅持去愛。

已婚男士的長壽祕訣

凡我愛妻部落成員，必定信守愛妻十誡，當中的第八誡：當每日熱情地擁抱老婆大人，並在她耳邊輕説你是多麼愛她，讓她感受愛護、關懷與溫暖。第九誡：當樂意承擔家中不少於一半的大小事務，以展示一家之首的責任承擔。愛妻的人有福了，因為他們在世長壽。這話怎説？一向以來，無論是研究調查或現況都顯示：「女士普遍較男士長壽。」以較長壽的日本人為例：日本女性平均年齡達85.5歲，而男性平均年齡為78.6歲。有研究調查，證實女性較男性長壽，是全靠做家務，而男性每天早上擁抱老婆十秒，可以長壽五年，這是不是愛妻的人有福了？

長久以來，不少專家已懷疑女性較男性長壽，是與女性多做家務有關。澳洲及英國的專家都不約而同做相關的研究，並且有相近的研究結果：身體健康的女性，確是與做家務息息相關，而英國更發現，英國女性做家務的分量比男性多三倍，這也難怪英國女士十之八九都身壯力健，因為她們天天做健身——家務。各位男士，請信守愛妻十誡之第九誡，必定叫你在世長壽。

至於愛妻第八誡，則由馬來西亞一名專家的研究，證實其有效性，這位專家的研究顯示，擁抱老婆的行為，除了可以提高家庭幸福感，也可使男性減少健康問題，因擁抱老婆可刺激賀爾蒙分泌，進而幫助延年益壽。專家知道現代人的時間很寶貴，故特別強調：「擁抱不需要很久，每早只要十秒鐘便可延長壽命五年。」信不信由你。假如你對這位專家的研究存有懷疑，可以退一萬步去想，每早「日行一善」，心情自然暢快歡愉，笑口常開，所以命便長久了。

上帝肯定婚姻，一定有祂美好的旨意。事實上，有不少的研究都已經證實，婚姻能讓夫婦二人相愛，補足了「那人獨居不好」的缺欠外，亦是情緒病和其他心理疾病的良藥和療法。「一人計短，二人計長。」或是「有個伴兒，有商有量。」這確是「那人獨居不好」的「獨門」治療良方。

已婚的愛妻人士，相信已能深深體會愛妻的重要性及實用性吧，正所謂：「愛妻十誡守得好，婚姻美滿無煩惱。」

當勤做家務，常擁抱老婆；
使你在世長壽，日子得以長久。

秒殺太太

我從校長的崗位退下來，除了以愛妻為己任外，現時在中文大學的教育學院兼任一個有關教導教師成長的課程，其中一個環節是強調個人的反思。事實上，個人的反思不單可以認識自己，更可以改善個人和上帝的關係，以及與身邊親密的人的關係。我這個作為導師的亦身體力行，一起和這裏已為人師的同學一起反思。

在班上，幾位同學分享了她們的反思，我也分享近來學習多說「謝謝」。謝謝那些準時上課和交功課的同學，也謝謝那些上課專注，全程參與的同學，因為她們叫我講課更用心，用更多時間預備下一次的課堂；也謝謝那些上課時睡覺的同學，因為他們的鼻鼾聲沒有干擾課堂，且同時善用機會「回氣」，準備面對下星期繁重的工作。畢竟這些同學都是日間有全職的教學工作，平日晚上或星期六才到大學進修。

在日常的生活中，我也掌握每個機會去說聲謝謝，起初有點不習慣，如今說謝謝，已成為我生活中極重要的一個表達。別人看不到我的轉變，他們只覺得這個人多禮，小事情也是謝前謝後，我卻認為禮多人不怪。我的轉變當然逃不過老婆大人的眼目，她明顯地察覺老公怪怪的轉變，什麼事情也說謝謝，正所謂「家無常禮」，這個老公又不知道在搞什麼鬼主意？但她對於我真誠的說謝謝，卻是一句不漏，照單全收。我細心觀察，發現說謝謝最大的果效，是讓老婆大人的臉上多了笑容和一份祥和之氣，這對女士來說，肯定更勝於做Facial。

說謝謝而讓老婆大人有所轉變，更使我大吃一驚。我的吃驚不在於說謝謝的威力，而在於我的記憶力。原來我在多年前出版的《護妻傾情四十八式》（突破，2000）中，已詳述了護妻的兩大殺着：對不起和謝謝你。這兩句說話是已婚男士在任何凶險的情況下，能從老婆大人手中逃生的必殺技，確實是百試百應，萬試萬靈。如今我不只疏於操練，竟然還「舊招新用」，沾沾自喜。着實慚愧！

說謝謝的威力，不但令接受者產生歡愉喜樂的感覺，更深層的威力，是先讓說謝謝的人，從心裏有一股感恩之念，而這股感恩之念是源於一份發自內心的喜樂。所以在《聖經》中，保羅勸勉帖撒羅尼迦的人：「要常常喜樂，不住的禱告，凡事謝恩。」（〈帖撒羅尼迦前書〉五：16-18）這三種品質，是我祈求上帝賜給我下崗前的學校 —— 基督書院學生的「基督三寶」，擁有三寶可說是擁有生命的一切。我很單純的相信：只要不住的禱告和凡事謝恩，這一定是個有喜樂的生命的人。

你今日多謝咗老婆未呀？

不時向太太說感謝的說話，使彼此喜樂。

魅力家務男

日前在住所附近看到一名中年男子孭着嬰孩，叫我大吃一驚，因為在這「鄉下」地方居住多年，還是第一次看到「帶子雄郎」（日本劇角色）。我帶着好奇心走近，一聽「帶子雄郎」與朋友的對話，乍驚乍喜。這位萬中無一的「帶子雄郎」滿口粗言穢語，説話中的助語詞全部都是「問候別人母親」，真叫人為他孭着的嬰孩擔心。

在港島區，「湊仔男」是難得一見，但多年前我居住屯門的小社區則是十分普遍。小社區的住客大都是空姐，飛機師以及外籍人士，那些年輕的外籍俊男，有空便帶着小孩到草地打球、跑步、踏單車及游泳，父親和子女，形影不離，真叫香港不少父親臉紅。還有一個特色，這些俊男孭得頗專業，嬰孩全都孭在前面。

2009年有兩個研究很值得男士留意。一個研究是牛津大學對美國、英國、挪威、日本等十二個國家，共一萬三千五百名，年齡介乎二十至四十五歲的男女進行調查，研究人員要求受訪者回答多條有關性別、家務、育兒等方面的問題，以評定該國的男士是不是一個理想丈夫。結果發現，在十二個國家中，以挪威和瑞典的男士最具吸引力，惟一參與的亞洲國家日本則排名第八，澳洲男士的吸引力，則是十二國之末。這研究告訴各位男士：事業有成，外形俊朗的男士，其吸引力竟不敵「家務男」！

同年，加拿大的一份做了三年的追蹤研究報告，訪問了五萬成年人，發現大部分女士都不願做全職主婦，主張夫婦雙職。這與香港的現況相若。倘若有子女的話，便請家務助理照顧，所以家務不成問題。如果沒有家務助理，家務便是「燙手山芋」。一起分擔家務的夫妻，婚姻會更快樂及長久，「家務男」十分吸引女士。不過，若只由夫婦任何一方獨力做家務，婚姻便容易觸礁。

傳統的「男主外，女主內」婚姻關係已經過時，丈夫樂於做個「家務男」，不但叫另一半感到被愛和被尊重，更可以增加夫婦的溝通和互信。

男士雖無潘安之貌，嘉誠之富，一旦放下成見，穿上圍裙，
成為女士眼中感性且性感的「家務男」，則幸福婚姻，指日可待。

你欠老婆一份溝通

關上總掣

每日報章上的新聞，十之八九都離不開金錢和男女之間的糾紛。男女之間的不同，有很多專書論述，也不容我這個愛妻部長插嘴。但我用心察看這大千世界的男男女女，彼此的關係，確是詭異怪誕，無奇不有。

某天，我在商場閒逛，看到一對年老夫婦上演了一齣沒有刀光劍影、沒有破口大罵的「暗戰」。事緣是丈夫可能不留神，踢到商場一塊排水位的不銹鋼渠蓋，當時痛苦異常，臉色轉白，未及低頭察看傷勢，他身旁的太太已插上一句：「抵你死，行路唔帶眼！」她説這話時，頭也不回，眼也不看丈夫的傷勢；最厲害的，還是語調平淡，毫無表情，果然是高手中的高手！回頭看那位「容易受傷的男人」，他已痛得動彈不得，寸步難移，留在原地。他的臉色由白轉青，由青轉紅，凌厲的眼光如利刃般射向太太的背影，眼神中有八分痛楚，九分怨懟，十分復仇的期待。回家後，他肯定會傾力演出家庭武打劇「六國大封相」。

有一次，我擔任某教會的夫婦溝通營講員，我嘗試請夫婦說出相處的難處及解決方法，男士較為含蓄沉默，女士則積極多了，七嘴八舌地數算自己丈夫的不是。印象最深刻的，是一對年輕大婦，他們結婚約六、七年，恩愛非常，兩位俱為高薪人士，很少為金錢爭執，反而大多數的爭吵都是一些雞毛蒜皮的小事：

話說某天晚飯後，太太做好家務，完成孩子的家課檢查等繁瑣事情，跟着她細心地給丈夫放浴缸水，方便丈夫洗澡。她走到書房，通知埋首於電腦的丈夫。丈夫的回應是：「等一會。」女人的「等一會」真的是「等一會」，男人的「等一會」很可能是「等一世」。這位太太等了一會又一會，半小時後，水已涼了，丈夫仍然在與電腦「搏鬥」，這位太太已一肚子氣，走往書房關燈，丈夫仍懵然不知。太太一氣之下，索性關上丈夫的電腦，丈夫以為太太鬧着玩，重開電腦，沉迷如故。這位太太果真是女中豪傑，二話不說，走入電掣房關上書房總掣，一場「總掣」風暴就這樣展開了，結局怎樣？不用擔心，這只不過是家庭「常餐」。

我問那位太太：「假如丈夫正在處理公司一些重要資料，你關上總掣而令資料流失，導致丈夫失去工作，你怎樣回應？」她說當時氣上心頭，她認為不是浪費了水及電力，而是浪費了她的一番心意，所以什麼也不管了。

經營婚姻，夫婦的溝通是十分重要的，溝通不好也不要緊，可以慢慢學習。最可怕的是彼此拒絕溝通，關上總掣。

關上心靈總掣，不溝不通，婚姻起暗湧。
拒絕溝通，婚姻如冰凍。

「牙齒印」

報章報道一對中年夫婦駕車回家，途中不知為何事爭執，初則動口，吵了起來，繼而也是動口 —— 太太抓着丈夫手臂狂咬，其夫不但皮破血流，還留下了明顯的證據 ——「牙齒印」，導致警方介入調查。結果是這位齒印纍纍的丈夫發揮「車頭打架車尾和」的優良傳統，不作追究，事件告一段落，但事件有可能延續下去，回家後究竟上演「六國大封相」或是「負荊請罪」，則不得而知。

「牙齒印」可以發生於多種情況，它可以存在於公司、學校、家庭，特別是在夫婦之間，性質可分為有形與無形兩種；或簡單分為「愛的烙印」與「恨的烙印」。我曾經鬧着玩，拿着老婆大人的玉臂，深情一咬。老婆大人呱呱大叫，臂上頓時留下了清晰的「牙齒印」，我發現原來我的牙齒是十分整齊的，代價則是給老婆大人的「玉女穿梭拳」狂打一頓。

或許不少夫婦進行夫妻活動時，已有深情一咬的衝動，甚或已付諸行動。切記的是，深情輕咬，可怡情養性，卿卿我我；而借愛泄恨的「終極一咬」，則可能導致婚姻破裂，敵我分明。當愛恨未分，不要輕言深情一咬，正所謂「一咬可以定情，一咬可以亂性。」小心為妙！

有形的「牙齒印」易於處理，而無形的「牙齒印」卻如政治或經濟的「無形之手」，翻手為雲，覆手為雨，事實上，是很難處理的。很多時候，一對夫婦吵架，會延伸至雙方的夫家或娘家，再延伸至更久遠之前的事，所以一些年邁夫婦吵架，本來發生在現在的時空，卻觸及四十多年前發生的；再糾纏於現在發生的，真是沒完沒了，再沒完沒了⋯⋯旁人沒有那些「歷史背景」，既不能插嘴，更談不上協助和解，確是「清官難審家庭事」。我曾經負責一次婚姻講座，期間遇到一對七十多歲的夫婦，他們坦言「最低消費」是每日一吵，而且是不吵不快，是否感到很奇怪？

夫婦之間的「牙齒印」問題，我們在紙上空談當然是輕鬆愉快，現實中卻是難分難解——難以分辨和難以解決。尤其一些夫婦不善表達感受和感情的話，事態更是極度嚴重，沒有溝通與宣泄的途徑，「牙齒印」將愈積愈多，愈積愈深，若是如此，什麼結果都有可能發生的了。

有形的「牙齒印」可怡情，無形的「牙齒印」難消，
只好尋求專人協助。

長傳與短傳

前文〈明天我要和一頭豬結婚了〉，或許有人認為我是杞人憂天，誇大其詞。然而後來讀到英國《都市報》的一篇報道，可以證明人和寵物、貓貓狗狗，甚至跳跳虎結婚的日子不會太遙遠。專門研究人工智能的利維在他的博士論文《與人工伴侶的親密關係》中指出，現代人心目中婚姻意義已經改變，他相信人類很快會愛上結構精密的機械人，達成「完美婚姻」，而且情況將會非常普遍。他的「預言」為他取得了博士學位，那麼我的那篇文章，也應該為我取得兩個博士學位了吧！

婚姻叫人重新學習去愛一個人，如何在過程中學習體諒、包容和犧牲，不過，單靠體諒、包容和犧牲是不能保證婚姻美滿，還有相當重要的，是有效的溝通。溝通包括了聽（聆聽）、講（説話）、讀（閱讀）和寫（書寫）四個部分，聽與講佔溝通中的七成以上。一般人認為聽與講與生俱來，哪個會不懂？偏偏不少人的溝通都出現問題，尤其是夫婦的溝通。即使聽與講佔溝通中的最高分量，這兩方面的訓練卻是最少的。

我和老婆大人的溝通亦充滿了問題，男女的不同，成長背景的不同都可以構成溝通障礙，至今，我們的溝通仍然在不斷學習和磨合。結婚初期，我們的溝通不但是「雞同鴨講」，很多時候更是如「港人自講」式的「各有各講」。溝通中的不少障礙，其中一個重要的，是人的自我和成見。成見源自先入為主，它叫我們不能清楚地接收對方的信息，並且會在有意無意之間遺漏、加添或歪曲信息中的一些事實。這亦是夫婦溝通的致命傷。

不說不知，一些女士罵丈夫沒腦子，她只說對了一半，因為心理專家證實男士在聆聽時，只用了負責語言的左腦，而女士卻能同時使用負責音樂和空間的右腦。嚴格來說，男士只有女士一半的接收能力。我和老婆大人在溝通中最有趣之處是「長傳和短傳」。我們的舊居是長方形的格局，頭尾相隔有數十呎長，在這狹長的空間，起初我們要放大嗓門，在「屋頭」與「屋尾」之間大叫，我們笑稱這是「吵架式」溝通，白費氣力，沒有效率。我們發覺「長傳式」溝通出現問題，所以協商後，改用「短傳式」溝通，即是雙方碰面才說，這招果然十分有效。日後搬了方形的房子，「短傳式」溝通仍是非常見效。

與其長傳，不如短傳，
畢竟，夫婦面對面，是最直接及親密的溝通。

吵架四宜

內地婚姻專家指出，中國人的婚姻有兩大特點：高穩定、低質素。高穩定是指夫婦關係很差，但為了某些因素如子女，產業等等，仍然維持有名無實的夫婦關係。低質素是指夫婦間的溝通、心靈及肉體的契合等素質很低，只欠沒有離婚而已，我認為中國人的婚姻質素低，其中一個因素，可能是一般夫婦不懂吵架，包括我自己。

吵架可真是一門藝術，特別是夫婦吵架，從積極層面來説，是一種溝通方式。有些夫婦是樂於吵架，也善於吵架。我曾擔任一個夫婦溝通講座的講員，期間我認識了一對六十多歲的夫婦，他們視吵架為婚姻生活的一部分，一日一小吵，三日一大吵，兩人都覺得「吵之而後快」！我和老婆大人則是從不吵架到吵架，從不懂吵架到學習吵架，繼而控制吵架。要控制吵架，有幾點是需要留意的：

1. 不要株連——吵架時，最危險是把身邊的親人牽連在內，由夫婦的事牽連到夫家與娘家的人，株連九族，肯定是悲劇收場。故此夫婦吵架，切忌株連，自家的事自家吵便算了。
2. 不要「翻吵」——我見過一些年老夫婦吵架，數算三、四十年前的陳年往事，與現在要吵的事糾纏起來，沒完沒了，結果是兩敗俱傷。幾十年的婚姻生活，誰沒有做錯過呢？關於這一點，女士要多加留意，不知道是否女士的記憶力特別強，吵架時，女士有較大傾向翻出陳年舊事，假如男士曾犯上的錯誤，她們大有「痛腳在我手，老公冇得走」之勢。我經常勸勉我的老婆大人，每次她翻出我的「陳年痛腳」時，我都以《聖經》勸勉她：「舊事已過，都變成新的了。」(〈哥林多後書〉五：17下)
3. 不要「傷人」——吵架的要點是對事不對人，不要主觀的針對人，無論吵得多麼激烈，千萬不要傷及所愛的人，更不要傷及他／她的自尊，因為這些是無可挽救的傷害。
4. 合時合地——最近閱報，有數宗意外，是夫婦在駕車時吵架而生的：一位氣憤的男士躺在馬路求死，一位老婆咬傷老公，一位男士跳橋喪生，故此不要醉駕，更千萬不要在駕車時吵架，吵架最適宜在家。

看來，我可以考慮開辦一個名為：「夫婦吵架學堂」的課程了。

婚姻生活偶爾出現衝突，在所難免，
不要以為吵架人人俱懂，吵架也需要智慧的。

在這裏吵就對了

上文提及夫婦吵架的藝術，除了分享一些吵架時需要注意的情況外，在什麼地方吵架，亦有進一步討論的必要。其實，夫婦很多時都是為了家中一些瑣碎事情而吵架，之前我說過多對男女在駕車時吵架而釀成悲劇。回想起來，我和老婆大人也有類似的經驗。結婚前，駕車時吵架，大都是我忍一時之氣，已可風平浪靜。結婚後，或是工作壓力，或是各種原因，有時在車上吵架，我偶爾會發揮那潛伏的「飛車手」本性，把車開得飛快，老婆大人被嚇得雙手緊緊按着面前的錶板，她很自然地停口，當然回家後，我便有一番好受了。

我要重點地道出男女在駕車時吵架的問題，不單因為報章不時都有類似的新聞。事實上，吵架通常都愈吵愈激烈，而在駕車時吵架，很容易激發爭勝的意念，當這些因素碰在一起，而另一方仍在嚕嚕嘛嘛，喋喋不休的話，多麼危險，多麼「激」的行為都會發生。所以我奉勸各位駕車男女，千萬千萬千萬不要在駕車時吵架，若要吵架，還是留待在家裏上演。有時我和老婆大人仍會在駕車時，因一些小事而爭執，我大都是先停口，把「戰情」冷卻，留待當天晚飯後再冷靜討論，因為大家都有時間及空間去思考，不用在那狹小的車廂作「困獸鬥」，最後結果多是讓雙方滿意的。

有人認為中國人應該「家醜不出外傳」，換個角度來看，在家吵架確實較為安全，而且能保障私隱，更可半場休息，喝一杯咖啡或參茶，補充一下體力，然後再可吵個天昏地暗。或者某方施展緩兵之計：「不理你，我先睡覺！」然後安全撤退。總而言之，在家吵架的「好處」，數之不盡。

我猜我的父母，應是在家吵架的箇中高手，多年以來，我們從來未看見父母吵架，但作兒女的卻知道父母是有吵架的。夫婦不吵架是沒有可能的，真的是不吵還須吵，但怎樣吵，在哪裏吵是可以選擇的。我回想我的父母，實在對他們萬分欽佩，有時候明明知道父母吵架，也嗅到了一些「火藥味」，卻是從未目睹，可說是人生一大憾事！

吵架是一門藝術，夫婦可在家吵架，
但千萬不要給子女面前「收看戰情」，令子女擔心，更留下壞榜樣。

鑽婚啟示錄

六十年的緊密相處，殊不簡單。說的是英女皇伊利沙伯和皇夫菲臘親王六十年鑽婚，我等愛妻一族，除了欣賞、羨慕及肅然起敬，還要努力效法。相對英女皇的六十年鑽婚，我和老婆大人的三十年婚姻，真的是小巫見大巫。仰首前望，果真是漫漫長路：「愛妻尚未成功，我等仍須努力！」

英女皇與皇夫在鑽婚之際分享婚姻之道，他們認為在乎於包容與扶持。包容與扶持可說是標準答案了，試想想六十年的「埋身肉搏」，倘若欠缺包容，婚姻肯定早已如風飛逝。當然亦有好事之徒質疑英女皇的六十年婚姻，是為了皇室的面子而苦苦支撐而已。即使如此，要強自支撐六十年，確是極不簡單！英女皇夫婦身體力行，驗證了婚姻約誓的神聖，也向世人和她的子女展示了信守婚約的典範。

上兩篇都談及夫婦的吵架之道，若有未曾吵架的夫婦，他們可以說是未曾經歷過婚姻的甜酸苦樂。報道稱英女皇夫婦在六十年的婚姻中，也有吵架的時候，她們曾罵對方是「垃圾」，這應驗了「相嗌唔好口」的真諦。我相信能公開的報道，應該是「潔本」，罵對方為「垃圾」，總算有紳士風度，因為「垃圾」還可以循環再用。英女皇夫婦吵得如此得體，所以我等已婚人士，定要向他們好好學習，除了學習體諒、包容和互相扶持之外，還要學習如何「吵好這場架」。

夫婦吵架，幾乎都是一樣的三部曲：初則動氣，繼而勞氣，然後發脾氣；偶爾會上演「正本戲」——「六國大封相」。有一點是「吵架三部曲」以外要注意的：美國研究人員曾經在美國心臟學會期刊中發表其研究，他們同時觀察了二千名女性逾十年，這包括她們的婚姻狀況及健康，研究發現她們與其丈夫發生衝突時，傾向隱藏內心感受的女性，死亡率比起說出感受的女性高達四倍。換句話說，女性釋放怨氣，對健康有利。我等愛妻一族千萬不要跟着做，說什麼要求男女平等，在夫婦衝突中釋放怨氣，其結果是適得其反。因為另一組研究人員發現，易發脾氣的男性有較高機會中風；若果他們經常爆發怨氣，出現心律不正的機會，會比起一般人高出兩成。

男女大不同，太太釋放怨氣，有利健康，人都變靚。
丈夫則視乎情況，勿亂發脾氣，
否則一發不可收拾，危害自己健康！

送花潛台詞

中外情人節接踵而來，是情侶的大日子。情人節送花，似乎已是潮流，也是潮人所做的指定動作。對於我這個曾被傳媒喻為「情聖校長」的送花老手來說，花已是我生命的一部分了，送花給老婆大人不計其數，我對花的特性，配搭更是瞭如指掌。印象最深刻的，是有一年的中國情人節，即元宵佳節，我想搞搞新意思，在中國情人節送花，讓老婆大人去感受一下「驀然回首，那『花』卻在燈火闌珊處」的驚喜。那次是我其中一次送「貴價」花。事緣我在花墟選好配搭合襯的花後，回到車上，警察叔叔為我「慶祝」元宵節，為那束花再「增值」——一張情人節「牛肉乾」，那是我與警察叔叔「共同渡過」而又難忘的情人節。

近日環保團體做了一個情人節送花的調查，報章報道調查結果，大多用上：「75%女士認為情人節不用送花或『沒有所謂』」。或有些媒體用上：「75%女士認為情人節『不一定』要送花」。我特別留意「沒有所謂」與「不一定」兩句話。這兩句看似平平無奇的話，由女士的口中說出來，其實是變化萬千的潛台詞（75%中有52%女士可能沒有所謂）。

男士：2月14日送花給你好嗎？

女士：沒有所謂！

潛台詞：

1. 沒有所謂。反正我會收幾束花，少這一束也沒關係！
2. 沒有所謂。但一定要送往我辦公室，更一定要比起隔離某某收的那束大一些！
3. 沒有所謂。反正我看上了一枚鑽戒，二卡多些，環保些較好！
4. 沒有所謂。年年都收花，今年送個LV手袋算了，環保些較好！

「沒有所謂」、「不一定」真是好句，還記得《聖經．創世記》提到，上帝吩咐亞當夏娃，分別善惡樹上的果子你不可吃，因為吃了必定死，但蛇卻告訴女人；你們吃了「不一定」死。這大有來頭的「不一定」，由女士說出來，確是可圈可點。

說實在的，情人節送花只是眾多選擇之一，以我幾十年的經驗，情人節送禮，一要有心思，二要具創意，三要給情人驚喜，切忌平平無奇。否則便環保一點，送情人現金，一則實用大方，二則可以「循環再用」！環保又實用。

花是女士的恩物，而送花背後，含有莫大的詮釋空間。
男士務要揣摸鑽研，留心女士在送花前後的說話，潛台詞往往在其中。

愛你在心口難開

上文提到情人節，儘管環保團體調查指七成半女士，表示不用送花或收花與否都「沒有所謂」，實況仍然沒變。精明的男士很明白女士口中的「沒有所謂」的真正含意。故此，在情人節當日，仍舊如某報章的標題：情人節浪漫滿城，女士與商人都笑逐顏開，男士也是開心地「破財」。正如我所料，大家都是「環保認同，鮮花照送」。

我也曾提及，男性對於感情的表達遜於女士，我也是不斷從錯誤中學習，才「造就」我這個被喻為「情聖校長」的「異類」。不少研究顯示，由孩童時代起，男性的腦部發育，對於情緒以及感情的表達是較弱的，所以男性少哭，把感情收藏起來，情緒有時卻一發不可收拾，這都是常見的現象，至於兩性交往，男性更是愛你在心口難開。

正正因為口難開，男士送禮物給愛侶，或爸爸送禮物給子女，都是他們認為較易表達愛意的途徑。所以在情人節，你試想想有什麼比起「送花」這公眾認同的行為，更有效表達男士的愛心呢？雖然是「行貨」了 一點，但它（送花）十分保險，且人做我做，錯不了！不要説男士沒創意，但人都不喜歡改變，而且你接受改變，亦要考慮對方的接受程度。

網上曾有網友認為玫瑰太貴，建議以芹菜和大蔥代之。我相信這位網友一定不會嘗試，他甚有可能在構思「情人節殺人習作」的橋段。假如真的有人按建議實行，下場將會怎樣？極可能會被愛侶把他送的芹菜及大蔥煮成：「芹菜大蔥生煮郎心狗肺」情人節大餐，由他親自品嚐！

或許你認為我説得誇張，以下有個真實個案，證實我所言非虛。上星期的情人節，有一對年過半百的恩愛夫妻，想搞搞新意思，當天携手炮製一頓「情人午餐」歡度佳節，豈料兩人竟然為烹調問題爭吵不休，「情人午餐」未能享用，卻先上演「情人節六國大封相」，他們各自施展拿手絕技，女的施展「奪命無情爪」，把丈夫抓傷，男的還以「恩斷義絕掌」，一掌把妻子打在地上，夫婦兩人同告受傷，報警求助。結果是妻子揚言要與丈夫分居，搬往兒子的住所，兩人同涉傷人被捕。這可算是「好創意，壞結果」的典型例子。我多次苦口婆心地告誡各位已婚人士，家中的廚房與洗手間是「高危」的地方。人在什麼處境，就按什麼處境來行，否則不聽老人言，吃虧在眼前啊！朋友！

一束花，背後包含了一份心意與誠意。
男士不懂表達愛意、創意不夠，
都不要緊，最要緊是懂得適當時候送花。

低清、標清與高清

日前報章報道一對中年夫婦結婚七年後離婚，法庭按照「合理需要」，原判裁定妻子可分得丈夫的三分之一財產。妻子不服上訴，上訴庭首次引用英國案例的「公平原則」，指出每對夫婦在家中都擔當同等重要的角色，以後的離婚案，都應以「公平原則」分配財產，故此最後裁定上訴的女方，可分得前夫五百三十六萬財產的半數。上訴庭的裁決引起了社會廣泛的討論，其中包括已婚及離婚人士的高度關注。有數位男士在電台節目指出男士應該要「揮霍」，避免妻子分身家。這一點我一直都奉行：「錢是要來花，不是要來看」的原則。可還記得〈入場費與離場費〉一文中指出，結婚是一場很昂貴的「遊戲」，前通用電器公司總裁離婚，他付出了二十七億港元的高昂代價「離場費」。

按照《聖經》的原則：「人要離開父母與妻子連合、二人成為一體。」上帝結合的，人不可分開。假如人硬要將「一」分開，一分為二，也即是二分之一了。如此，上訴庭的決定也算是按照《聖經》的原則作出裁決。事實上，愛情是甜蜜的、戀愛是盲目的、結婚是冒險的；我們可由近年香港屢創新高的離婚率，得到一點啟示。

婚姻專家經常提醒一些預備結婚的男女，結婚前是用望遠鏡去看對方，「工工整整」完美無缺，但結婚後是用顯微鏡去看對方，將對方缺點近距離放大，所以我這個「結婚是冒險」的説法，實在不無道理。

在我結婚三十年的「冒險」生涯中，我悟出了一些大道理。我認為結婚前，男女交往是電視舊制式 —— 低清。男女看對方都在「低清」制式，在「低清」之下，優點當然展現得完美無暇，就算對方的缺點，也只是看得朦朦朧朧，似有還無，再加上一個不切實際的期望：「他愛我，結婚後一定會改變。」這是最致命的「低清」效果。新婚燕爾，是婚姻的蜜月期，這期間開始進入「標清」制式時期，對方所有的缺點，好像電視中「阿姐」的魚尾紋驟然出現，效果嚇人，幸好還有一些優點的「殘留效應」，叫一切不致急轉直下。最要命的應該是結婚後一至七年期間，婚姻生活進入「高清」制式，對方所有缺點都以「高清」呈現眼前，而對方的優點經過時間的考驗，都叫人視而不見，成為「歷史」。各位已婚人士，你的婚姻制式是「低清」、

「標清」還是「高清」呢？

視配偶的優點為高清，視配偶的缺點為低清，
雙方都好過一點。

沉默的羔羊

有一天乘搭東鐵，列車停站時，湧進了四、五位中年女士，她們「吱吱喳喳」、嘻嘻哈哈的，頓時把沉靜的車廂變成龍鳳大茶樓般喧嘩熱鬧。一瞬間，一把聲音即把眾多雜亂的聲音壓了下去，原來其中一位女士把車廂當作海德公園，向車廂內的人分享她的「馴夫術」，我想她的本意是向眾姊妹「教路」，以及炫耀她御夫有術，她的聲量彷彿是向整個車廂的人宣告：「她把丈夫馴服得有如哈巴狗般。」她説話中的其中一句：「我一出聲就『窒』到佢口啞啞，死死氣咁走入房。」説話鏗鏘有力，叫車廂內的人目瞪口呆。好奇心驅使我側頭斜望這位「御夫有術」的女士，她冷眼看着姊妹們艷羡的目光，嘴角掛着不經意流露的微笑，就像一個現代的成功女性！我開始明白，為什麼社會上有愈來愈多的「逃夫」——逃離家庭的丈夫！

這件事令我想起多年前一宗暴力事件。一位「御夫有術」的中年「河東獅」(報章用詞)帶同丈夫到元朗食坊吃夜宵，據現場消息指，兩夫婦是食坊熟客，平日二人相處，女方盡是不停口的説話，丈夫則是唯唯諾諾，正是「沉默的羔羊」。不知道什麼緣故，某個午夜，女士向丈夫罵不停口，「沉默的羔羊」一直低頭不語，直至凌晨二時，女士已連續罵夫兩小時，其噪音亦觸怒鄰桌食客，最後，一位青年路見不平，挺身而出，事件弄至流血收場。

女性的説話能力一般勝過男性，科學家利用超聲波掃描器，向三十九個未出生的胎兒進行觀察，發現女孩子尚在母腹時，已比男孩子有更多的口部動作。美國加州大學一位精神病理學家專門研究男女腦部的差異，研究證實女性比較愛説話，平均每日説兩萬個詞語，是男性的三倍。不但如此，女性説話時會刺激大腦，分泌一種令人快樂的化學物質。研究證實男性較少説話，也較難表達情緒。

我們可以在日常生活中驗證，女性在語言方面較優勝，而男性在數理方面則較佳。男性不但説話不如女性，聆聽能力也比女性遜色。男性在聆聽時只用處理語言的左腦，女性則不只使用左腦，且同時使用處理音樂和空間的右腦，女性可以同時聆聽各種訊息。

無論如何，在感情的表達，語言的聽講能力等方面，男士都是個大輸家。然而男女相處或婚姻生活，講求的是配搭、包容與互諒互讓，女士沒有利用自身的先天優勢來協助男士，反倒去欺壓、逼迫男士的弱項，「沉默的羔羊」只有永遠沉默。

女士喋喋不休，男士沉默不語。
沉默不代表馴服，只是無言的抵抗。
相處長期如此，這段關係便離結束不遠了……

負面式溝通

假如有夫婦說他們從來不吵架，我相信這對夫婦沒有全面及深層次地享受婚姻的樂趣。其實，吵架不失為夫婦「摸底」之終極方法。因為吵架時，氣往上衝，什麼客觀理性都拋諸腦後，平時不願說的話都會傾倒出來，反而可讓雙方坦誠，了解對方真實的想法。宏觀來看，吵架可視作負面式溝通。

如要達到有益的負面或溝通，吵架一定要做到前文曾提及的四大原則：

1. 不要株連其他親屬。
2. 不要翻「吵」，即不數算舊事，今天所吵的事今天吵。
3. 對事不對人，只吵雙方的矛盾，不吵對方的品格，不傷及對方的自尊。

4. 在合適的地點及時間吵架。

為免負面式溝通變成暴力衝突，夫婦雙方一定要堅守「動口不動手」的原則，千萬不要效法上海一名年輕女子的情況：一次她與男朋友爭吵後，盛怒之下將戒指、硬幣甚至手機吞下肚裏，引致腹痛難忍，才往醫院求診。這是「動口不動手」的負面示範。

中國內地曾調查全國三十一個省，自治區的二百八十七個城市，發布了《2011年婚戀幸福感》報告。它提出婚外情是中國離婚的主要原因，並指出結婚三至七年的夫婦，會步入「吵架活躍期」，而生活瑣事是夫婦吵架的最大原因。

我和老婆大人不是經常吵架，但偶爾也會「小吵當新婚」，我細心推敲，發現吵架的內容通常都是一些小事，並且大部分都與我們自身沒有多大關係，真感冤枉！不過，更感冤枉的是多年前一位女士，她因教導女兒的問題而與丈夫吵架，夫婦愈吵愈烈，完全違反了上述四大原則，丈夫大喝：「你去跳樓吧！」妻子一時氣憤，爬出露台，一躍而下，結果斃命。

前文提及，原來吵架可以幫助妻子防止心臟病及其他疾病，果真是：「吵架吵得好，不易死得早。」

此外，有關夫妻吵架的重要信息：瑞典的一項研究發現，夫妻最易爭吵的時間，是每日出門上班前的四分鐘及下班回家後的四分鐘。據專家分析，夫婦因上班面臨分離的狀態，出現心理掙扎；回家時亦因要重新適應狀態而出現情緒轉變。這正是：「相見時難別亦難，吵架在家無麻煩。」

吵架屬「強烈溝通」，情感爆發，有出無入。
吵架過後，夫婦適當地製造浪漫或溫馨片段，
儲蓄感情資本，婚姻生活方才持久。

溝而不通？

政府在2013年3月實施「限奶令」，鬧得滿城風雨，不單是小市民，連什麼尊貴的人大代表、政協委員們也走出來「說三道四」。我起初以為這些尊貴的人大代表，政協委員們是在推廣美滿婚姻，他們說什麼「溝通不足」、「理性包容」、「互諒互讓」。原來他們是在勸勉香港人與偉大的祖國同胞在「限奶令」一事上要加強溝通，要理性包容以及互諒互讓。

良好的溝通是人際關係的一大重要元素，也是男女相處，夫妻相交的一門「必修課」。男與女在溝通這課題上，有很大的「落差」，女性善於並樂於表達，男性天生的笨口拙舌，不容易表達內心感受。男性的說話直接、簡單、只講述事件大綱；女性的說話間接、迂迴、要求講述事件的細節。夫婦的溝通，也因兩人的家庭成長背景差異而更加複雜多變。

我和老婆大人經過多年磨合，溝通才漸趨良好。同一件事，例如簡單的家務，我和她也有不同的理解，矛盾與爭執也因此而起。老婆大人從不直接説出心中所思所想，只發出間接的暗示。例如她説：「今晚我好攰（疲倦）」，其背後意思是：「今晚你洗碗」；「XX大減價」，即是：「明天我們去『血拼』」；「原來我們九年前去濟州」，即是：「我想去韓國旅行。」真是叫人「猜不中，挨罵。猜得中，倒霉！」

雖然我曾修讀輔導學，但同樣犯上男性溝通的毛病。老婆大人不時向我分享工作及家庭間的事情，我常聽了一會兒後，便很快地提供答案及解決方法：「你這樣……你那樣……就可『搞定』。」所以，老婆大人很聰明，現在她見我準備提供「專業意見及解決方案」，便先發制人：「你讓我説先，好不好？」我便即時停口，專心聆聽。

英國一個交友網站研究發現，夫婦在用餐時，彼此溝通的時間，會隨着結婚的時間愈長而愈少。在六十分鐘的用餐時間中，交談最多的是尚未結婚的戀人們，約傾談五十分鐘，內容主要是未來大計、事業、生育等問題。結婚五十年的夫婦，只會用三分鐘時間交談，內容更只涉及天氣、叫對方給茄汁等小事。

我和老婆大人的相處和溝通情況，似乎和英國這研究大不相同。我們強調「同在」，即儘量多花時間陪伴對方，而且我們溝通的時間是與結婚時間成正比。我更發現以往的溝通是着眼「大綱」，現在是注重「細節」，即生活的點點滴滴。例如她會分享最近沉迷的韓劇，或她孩童時，看人摘水果，給樹枝劃破眉角等，我留心察看才發現，不禁大呼要去「消委會」投訴，笑説要求「退貨」！

結婚後，不要認為同一屋簷下，一切理所當然。
溝通實在要重新回到——心到力到耳到嘴到。
時候一到，生活點滴，隨心溝通，已成情趣，猶如摘葉成劍，揮灑自如。

「無掣」收音機

某天，我與老婆大人乘坐公共汽車往元朗探訪親友，途中有一對看似是夫婦的中年人，坐在我們後面，聲浪之大，我沒留心也聽到他們的對話。嚴格來説，也不是對話，只有那位女士不停在説話，男士只是唯唯諾諾，不斷點頭，我從側面玻璃朦朧的倒影，看得出男士的態度十分敷衍，但女士並不察覺，仍在喋喋不休。其實不少男女或夫婦都常用這單向的溝通方式，女士嘮嘮叨叨、喋喋不休，似乎是她們慣用的方式，奇怪的是：在四十多分鐘的車程，女士竟完全沒有停止説話，主題只得一個 —— 記得把這袋東西交給某某。

一位女性親友可以和這位女士互相輝映，且更出類拔萃。這位女親友可説是「鬼見愁」。所有親友遇見她，都總是避之則吉。她最有興趣的，是別人認為最敏感的私隱，且就私隱發出最尖鋭的問題：「多少歲？」「月薪多少？」「還未結婚？給你介紹個男仔。」她最擅長的是「大眾傳播」——把得到的資料，全面地、誇張地即時向親友傳遞，其速度與效率絕不比現今互聯網遜色。我們眾親友給她或類似人士的一個尊稱：「無掣收音機症候羣」，是否窩心又貼切呢？

環顧我們身邊，患上「無掣收音機症候羣」的人士，為數不少，並且以女性居多。你只要留心觀察，特別是乘搭公共交通工具時，她們手拿電話，或耳掛免提，在數十分鐘或更長的時間，可以絮絮不休、滔滔不絕地説個沒完沒了。我曾在公車上，目睹兩位素未謀面的女士，不用「破冰」，便極速進入「無掣收音機」的狀態，由子女學習、家庭狀況，再談家人的私隱，半小時的車程，仍然沒完沒了，難捨難離之情，猶如摯友離別。這兩個「無掣收音機」同場互相較量，半斤八両，難分高下，確是難得一見。

「無掣收音機」是否有根治之法？顧名思義，收音機是發聲的，一個不能關上的收音機是不斷發出聲音，不能停止的。況且，一些專家的研究告訴我們：女性天生愛説話，而且説話讓女士有快樂的感覺，因為女性説話時會刺激大腦分泌，產生一種令人快樂的化學物質。所以，「無掣收音機症候羣」可算是「世紀絕症」，難以治愈。

話雖如此，男士也有不可逃脱的責任。英國一項調查發現，當地妻子每年平均用了七千九百二十分鐘，向其丈夫嚕嚕嚤嚤！相當於每月十一小時。丈夫「沒有手尾」、不做家務或要妻子「執手尾」等等，便換來每月十一小時的嚕嚤，有八成三男性認為罪有應得，同意妻子的嚕嚤是對的。此類「無掣收音機症候羣」的出現，男士實在有責！

太太的嚕嚕嚤嚤，丈夫可能是「幫兇」，
與其怪責，不如問心，分析一下大家的生活是否有改善的空間。

婚姻生活真艱難？

誰當家作主？

一次講道分享中，我提及《聖經》中的五餅二魚故事，特意讓弟兄姊妹，去思想主耶穌門徒展示的「無分大小」。主耶穌在曠野看見許多人，就憐憫他們，因為他們如同羊沒有牧人。主耶穌當時身心俱疲，但仍然牧養他們，教訓他們神國的道理，並醫治一些需要醫治的人。在天晚的時候，門徒竟然「吩咐」主耶穌叫眾人散開及找食物。

在婚禮中，不少負責訓勉的講員，包括自己，都很喜歡引用《聖經．以弗所書》，一段描寫夫妻關係的經文來勉勵一對新人。即使非信徒，很多都熟悉這段經文：「你們作妻子的，當順服自己的丈夫，如同順服主，因為丈夫是妻子的頭⋯⋯你們作丈夫的，要愛你們的妻子，正如基督愛教會，為教會捨己。」（五：22-25）這是多麼美好的經文，假如夫婦都遵照經文而行，則天下太平。婚姻輔導業便可關門大吉。當然，事實不然，緣於每個人的心底裏，都希望自己做「揸Fit人」。

在一次婚姻講座中，我演講完畢，與一位到場的女記者閒談，她自稱是基督徒，已婚數年。話題很快轉到以上提及〈以弗所書〉的經文。那位女記者說自己亦恪守這段經文的教訓，把丈夫看作妻子的頭；接着她解釋家中所有大事由丈夫作主，所有小事則由她作主，但哪些是大事，哪些是小事，則由她決定。我算是見識廣博，不會大吃一驚，這只不過是其中一個典型女士吧！事實上，男男女女都爭着做頭作主。還是主耶穌說得好，祂說為首的要服事人。

老婆大人也是常爭着要當家作主，我是她的頭、她卻是我的頸。試想想便明白，假如頸不轉，頭怎麼動？舉一個例，我們往館子吃飯，做頭的我建議了五、六間館子，作頸的老婆大人紋風不動，直至我提到她喜歡的館子，她才讓我做頭的作主。還有一個典型例子，老婆大人請我這「大廚」燒菜，當我在廚房忙個不亦樂乎，她卻在旁指指點點，說這樣不對，那樣材料要先處理等等。有時候，真想一腳把她踢出廚房！

每個人的心底裏，都希望自己做「揸Fit人」。
還是主耶穌說得好：為首的要服事人。

廁所之戰

睡房、廚房和廁所，都是一般夫婦容易引起紛爭的地方，很多已婚女士都把這些地方視作她們的「地盤」，男士不可在這些地方「輕舉妄動」。而我的老婆大人最看重的，是睡房和廁所。睡房內的物品不可亂動，衣物不可亂放……慢慢數下去，我懷疑可以訂立「睡房二十三條」惡法。對我來説，睡房只是給我睡覺的地方而已。

三十年的婚姻生活中，夫婦之間的大小爭戰，不計其數，記憶中最具爭議的，還算是「廁所之戰」。不知道是否一般男人的包容性較強，物品放得不整齊，凌亂一點沒有什麼關係，反正明天也會再用的了。看完的書本，隨手擺放，反正一會兒也再看的了，但對於老婆大人來説，出現這些情況，全都是「死罪」—— 破壞家庭整潔美觀之罪。我乘車時，常常聽到一些太太投訴丈夫，內容都是丈夫怎樣把廁所弄得臭氣薰天。不約而同地，即使是學校的辦公室，也不時聽到已婚女同事同樣的控訴。我想起更嚴重的是，其實我早已背負了「臭男人」的稱號多年！

痛定思痛，我決定追溯夫婦間的「廁所之戰」的源起和問題起因。經過客觀而冷靜的反省後，我發覺婚後不久，廁所的戰爭已經啟動了。當時我相信只是小事一樁。我認為廁所只是提供大小方便的地方而已。然而爭戰的源頭在坐廁板。坐廁板在「等客期間」，應該是放下？還是放上呢？我代表大部分男士的意見，認為是應該放上的，老婆大人卻認為坐廁板在「等客期間」，是絕對要放下的，因為要「以客為尊」。我搜羅了不少研究調查反駁，我問老婆大人有什麼理據，她說她的說話就是理據，面對這麼大的「道理」，據理力爭也是於事無補。不知是善忘還是潛意識作祟，在家中不時聽到老婆大人喝罵：「為什麼不把坐廁板放好！」我惟有裝聾扮啞，以避過一劫算了。

在廁所之戰中，已婚男士要背負「臭男人」之名，我認為是罪有應得，且責無旁貸，但終極的責任是「責在上帝」，因為上帝造男造女，各有不同的身體結構。此話怎說？各位男士試想想，在廁所辦「大事」時，男女都是安坐其中，距離一樣，保證「百發百中」。然而男士辦「小事」時，「射擊」的距離與身高成正比，「命中目標」的機會不及女性，稍有偏差，結果一定是弄得臭氣薰天，天怒人怨。更有甚者，男士不但要「站立射擊」，可能在半夜摸黑起牀時，作出更高難度的「黑夜站立射擊」，偏離目標，再加水花四濺，可想而知情況有多壞。假如是上了年紀的男士，加上猶如一些民主派人士般的「搖擺不定」，被稱臭男人，鐵定是「死症」。

睡房、廚房和廁所的空間，互相不斷體諒，
大家才有「可持續發展」。

臭男人萬歲！

上文〈廁所之戰〉，我寫得小心翼翼，戰戰兢兢，因涉及敏感話題，我儘量令整篇文章達到「言有盡而意無窮」，好讓讀者 —— 特別是男性讀者，多些想像及反思的空間。一位男讀者電郵給我，叫我多寫些愛妻的文章，他與愛妻相處，完全沒有「廁所之戰」的問題，他提供了一條獨門祕方，讓一眾男士在廁所處理大小二事時，都「樂坐其中」，使什麼高山流水、流水淙淙、水花四濺等，絕對不會發生。假如在家的男士，可以採取女士們的「坐姿」，則可萬事大吉，廁所永遠乾爽芳香，太太也不會抱怨和嚕嗦。但我是個「企硬」派，堅持在廁所辦小事時，不採用「樂坐其中」，寧願「流水淙淙」。這不僅是「我小解故我存在」，且以男人的姿態而存在。

撇除「企硬派」或「樂坐其中」之爭，臭男人終歸是臭男人，不管是「無男不臭」還是「無臭不男」。當男士做運動後，回家已是一身臭汗，但他對於洗澡的需求不大，他可以繼續處理事情，直至全身乾透。女士則很少有這種能耐。男士面對家居稍為雜亂，表現得十分包容。所以男士「凡物亂放，放後即忘，忘了便找，愈找愈亂，愈亂愈易忘。」這似乎是一般男士的寫照。女士永遠抱怨丈夫不執拾，在男士的本質上，他們始終看不到執拾的需要性。

縱使以上提到的那個讀者，效法女士「樂坐其中」，也許他仍然是個「臭男人」。因為美國一項調查顯示，約三成的男士人如廁後不洗手，而且調查顯示女士如廁後，洗手的比率遠高於男士。男士要「欣然」接受臭男人之名。我惟有替大家呼喊一句：「臭男人萬歲！」

其實「坐着幹」與「站着幹」並不是什麼問題，因為上帝造男造女，各有奧妙在其中，男女身體結構各按需要，因而大不相同，何必硬要加上這些規範，這當然包括民族文化和科技的因素在內。在男士慢慢效法「樂坐其中」的同時，女士卻透過科技的幫助，正研究如何讓女士們也可「平起平站」——「站着幹」辦小事。這真是世事無絕對！

太太鍾愛整潔，丈夫不拘小節，
二者之間，本無衝突，在乎了解對方的不同，多體諒，多遷就。

以我為尊

很多時候，人不單自私自利，更自以為是，最大的問題還是自我中心，一切以我為尊。難怪主耶穌教訓我們：「為什麼看見你弟兄眼中有刺、卻不想自己眼中有樑木呢？」（《聖經．馬太福音》七：3）我們深明這個教訓，但行出來卻是另一回事。在婚姻生活中，夫妻理應不自私自利。《聖經》也教導我們：「愛是不求自己的益處。」（〈哥林多前書〉十三：5下）我們深愛配偶，會竭力為配偶做很多事情，表面上，容易形成是「為你好」，實情是按照我們的思想、方法和程序去作，結果一切按我的本子辦事，一切以我為尊。

自我中心真的是人際關係的障礙，特別是在緊密相處的婚姻生活中。結婚後，我們仍然會帶着自己的飲食習慣、起居生活的方式、處理事情的方法進入新的生活。「一屋兩制」的生活，一定會引起摩擦，更惡劣的是當「連場大戰」後，結果離婚收場。體諒與包容當然是馴服「自我」的最佳「武器」，也可以讓夫婦磨合時，減輕一點苦楚。

自我中心、以我為尊、「我的想法最好」等思想及表現，常暴露在婚姻生活的細節中，不知不覺地主宰我們，一點一滴地破壞着夫婦的關係。在政制爭拗、工作會議上，我們可竭力去堅持自己的主張、看法和做法，但放在婚姻生活中，其體現是：「結婚後，我一切都不改變，家中一切的飲食習慣，起居及生活方式都要按照我的心意而行。」這種情況會為婚姻關係帶來很大的傷害。

在日常生活中，我們很容易看到「以我為尊」的事例。還記得早前一位負責殮葬事務的食物環境署職員，把一具超過一星期無人認領的遺體埋葬，成為報章新聞。當時家人來領遺體時，卻領不到，才揭發職員違規，把規定三十日才埋葬的遺體提早處理，而那位職員在面對指控時，表示自己處理的方法，比起署方的方法更好，所以按照自己的方法處理。

我居住的大廈有兩層停車場，大部分駕車者都是有學識修養的中產，但他們都視停車場的交通標誌如無物，為了方便自己，車子怎樣進出，可謂隨心所欲，所以經常出現「對頭車」而引致驚險萬分的場面，我更曾目睹一位父親，給一位六、七歲的孩童駕駛自己的車子，他們把「以我為尊」演繹得淋漓盡致。

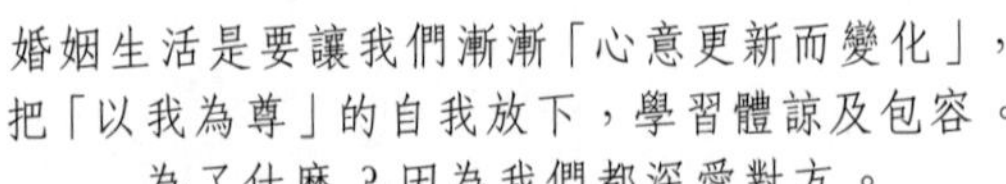

婚姻生活是要讓我們漸漸「心意更新而變化」，
把「以我為尊」的自我放下，學習體諒及包容。
為了什麼？因為我們都深愛對方。

變與不變

日前參加了一位基督書院舊生的婚宴，這位新娘子秉承了「基督有情」的優良傳統，定意向我這位「下崗校長」敬茶。我雖然有點尷尬，卻是樂在心頭，有點兒「基督書院嫁女」的感覺。席間我碰巧和新娘子的姊姊同桌，她是位傳道人，所以我們的話題，由教會談到婚姻，我笑說結婚的人都很勇敢，這位未婚的女傳道一臉茫然的望着我，我幾乎不停的講解，由男女的差異，不同的家庭背景，及至現今屢創新高的離婚率。

我們談到一個很有趣的問題：上帝為什麼設立婚姻制度？我深信上帝定意要藉婚姻祝福人，但人的頑梗、貪婪和自我，叫上帝的祝福變成咒詛，在我和老婆大人三十年的婚姻生活中，彼此相處確是困難重重，苦樂參半，但透過這種緊密的相處，你才會學懂怎樣切切實實地去愛一個人，更深的層次，就像主耶穌愛教會一樣，為教會捨命。《聖經》明明白白的指出了婚姻的真諦。我相信每一對站在聖壇前互訴盟約的新人，比誰都更清楚。

《聖經》也教導我們要心意更新而變化，故此婚姻中的變與不變也主宰了婚姻的導向。數年前浸會大學社會學系一項調查顯示，本港二十一歲至三十八歲的年輕夫婦，夫婦關係的評分較高；而四十六歲或以上、未受教育的女性，其夫婦關係的評分則最低。另外，51.5%的在職婦女比較不滿意夫婦關係，這是否說明「婚齡」愈長的夫婦，愈多出現相處問題及「牙齒印」？或許這也說明不少已婚夫婦需要「婚姻教育」。

婚姻顧問竹君女士以她的專業認知告訴我們：那些不提離婚二字的婚姻，有九成是不美滿的。這也是為什麼我們說中國人的婚姻是「高穩定、低質素」。假如我們沒有努力去經營婚姻，情況可能是：「變又死，不變又死，變與不變都是死路一條。」

在我印象中，台灣有一宗很「經典」的離婚個案。一位女士申請與丈夫離婚，她盛讚丈夫是一位好丈夫，但這個好丈夫的罪名是「一成不變」。每天他準時上班，下班更是絕對準時，每月亦準時將薪金上繳太太，這位女士說每天傍晚，她在指定時間打開大門，她的丈夫就已站在門外。更甚的是，丈夫回家後全部按「指定動作」做事；脫掉皮鞋、開電視、看報章、固定地坐在沙發某個位置，那位置已形成其臀部形狀的窟窿，生活上的其他事宜，更是「半成不變」。這「老樹盤根」式的生活方式竟成了離異的導火線，是冤不是冤？

變幻原是永恒，
婚姻生活的一點變化，或可成為生活點綴，增進生活情趣。

愛是不嫉妒

《聖經》愛的篇章說得好：「愛是不嫉妒」(〈哥林多前書〉十三:4下)，不嫉妒是因着愛一個人，只要所愛的人快樂，我便快樂，這很理想。然而現實中的男女相愛，嫉妒是其天敵。嫉妒也不時成為夫婦衝突的導火線。

曾見過一對夫婦的衝突場面，太太在廚房忙得團團轉，煮飯燒菜，做到沒停手；丈夫則在客廳看報紙。那邊廂，孩子跳上飯桌，扮演小飛俠，太太見狀，即向丈夫大聲呼喝：「睇住你個仔！」丈夫頭也不抬，眼角一瞥，回答一句：「個仔你冇份咩？」一場大戰便由此展開。以上情況，涉及看管子女的問題，看似是夫婦溝通，但背後包含着：當我們忙碌時，嫉妒配偶的空閒，細心地想，我和老婆大人的「爭戰」，不少也源於這類嫉妒。

我們不單嫉妒配偶的空間，也嫉妒配偶的成就，我們忘了二人已成為一體，配偶的成就也是我的成就。我們也嫉妒配偶的異性同事或朋友，把她們／他們視作敵人，因而限制或影響了配偶的社交生活。女士在這方面較為敏感，她們大多嫉妒丈夫的親姊妹；甚至丈夫的母親，亦不能倖免。她們嫉妒丈夫對這些女性的親切和關顧，男士須謹慎地處理。最保險的方法是「事先張揚」，與老婆大人有商有量。這是消滅老婆大人嫉妒的良方。

由愛生妒，是一種負面的感情，嫉妒所帶來的破壞是難以估計的。去年一位英國的醋丈夫，把睡房房門的金屬門柄通電，結果他的太太開門時，被電至頭暈眼花，頭頂撞腫了。警員拘捕這醋丈夫，控以施行家庭暴力、非法安裝陷阱和恐嚇等罪名。

最近，香港也有兩宗有關嫉妒的案件。其一是曾獲頒傑出教師獎的中學女教師，因嫉妒女同事時常親近其男友，竟在教員室多次偷取「情敵」的財物，其至連「情敵」的學生試卷也偷去，繼而把試卷丟棄，最後被裁定兩項盜竊罪，判社會服務令一百二十小時，並賠償「情敵」四百五十元。另一宗更是離奇，一位警隊內的女高級督察，因着嫉妒，而向舊男友的前度女友不斷作出電話滋擾，被裁定罪名成立，判罰款一千五百元。請特別留意，她滋擾的是「舊男友的前度女友」，故此嫉妒的可怕，是會令人失去理性，甚至知法犯法，不顧一切地去滿足「嫉妒」這頭怪獸，更可怕的，是嫉妒不會終止，只會帶來更多，更深層次的嫉妒。《聖經》的提醒，真的一矢中的：「愛是不嫉妒」。讓我們由這刻開始，實踐《聖經》的話，好叫我的配偶快樂，所以我也快樂！

你快樂，我也快樂！
你痛苦，我也痛苦！
你嫉妒，我也……
還是坦誠相向，了解嫉妒背後的因由。

小心女人！

在報章看到一位女士寫的專欄文章，她認為現今社會仍然是男性主導，但女人比起男人更聰明，而且她認為女人思想更細膩、成熟，專注力更強，忍耐力也較高。我想每個人的特質是因人而異，這位女士可能接觸的同性，都碰巧在上述幾項較優勝。

不少人很喜歡把男女作比較，但不同的比較，會有相異的結果。我和同一個女人一起生活了三十多年，有兩點是可以確認的：

1. 女人比起男人更能忍受痛楚。
2. 男人聰明，但女人更聰明！

我和老婆大人看同一位皮膚科醫生，醫生告訴我，老婆大人忍受痛楚的程度是十級，而我只達五級。這是鐵一般的事實，我不怕死，但我怕痛。

以上男女的比較都是主觀的判斷，有了先進科技的幫助，我們可以把男女的比較，作出客觀的結論。在2009至2010年進行了男女網上鬥智大比拼，歷時五個月的激鬥，男女雙方共答了超過一千五百萬條問題，結果女性以答對一萬多條問題而大勝。參加者可以用英文、法文……等多種語言作答，而且這男女比拼的設計周全，避免搗蛋者用異性身分參賽，刻意答錯問題而拉低對方分數，比拼只計算答對的題數，不論答錯多少，都不影響賽果。男士是否心服口服呢？

假如男士還是憤憤不平，或是覺得哭笑不得，淚中有血的話，且細心一讀這個由網上看到的故事：

一位已婚女士打高爾夫球，她不小心把球打進樹叢的一個洞內，她從洞內把球撿起，發覺洞內有一隻青蛙，青蛙對她說：「靚女靚女，你救我出來，我可以給你三個願望。」她說：「沒問題。」於是她把青蛙救了出來。青蛙說：「忘了告訴你，無論你要求什麼，你丈夫得的是你的十倍。」「沒問題。」她爽快回答。接着她說：「我要成為世界上最美麗的女人。」事就這樣成了，她的丈夫成了超級俊男。到了第二個願望，她說：「我要成為世界上最富有的女人。」青蛙提醒她說：「這樣，你的丈夫會成為多你十倍財富的超級俊男，會吸引不少女性的啊！」她信心滿滿的回答：「我還是全世界最美麗的女人！」第三個願望怎麼樣？這世界上最美麗且最富有的女人，眼中流露着詭異的眼神，她慢慢地説出第三個出人意表的願望：「我要有輕微但不致命的心臟病發作……」過了不久，這位全世界最美麗且最有富有的寡婦，接受了她亡夫龐大的遺產。

各位男士，不要看扁你身邊那位貌似「傻乎乎」的女士啊！

不可叫自己小看你的老婆，
總要在言語、行為、愛心、信心、家務上，都作老公的榜樣。

大事與小事

男女相處，夫婦的家庭生活，哪些是小事，哪些是大事？即使專家也搞不清。以特首梁振英先生的山頂豪宅一事為例：他認為僭建是小事，但社會上認為僭建帶出的連串謊言，涉及誠信問題，是大事。至於婚姻生活，何為大事，何為小事，有時確是變幻莫測，難以掌握。

某女星嫁給內地一位武打明星，她滿面春風，小鳥依人，她向記者宣稱，嫁夫從夫，家中一切大事，由丈夫作主；家中一切小事，由她作主，至於決定哪些是大事和小事這麼麻煩的事，當然是由她這小女子作主。她活靈活現地勾畫出女士要作「話事人」的本性。

我喜歡在家中閱讀，更喜歡把未看完的書隨手放在最方便的位置，一般是有四、五本書，放在家中不同的地方，反正我很快又會再看這些書，且令滿室「書香」，看來只是小事。然而老婆大人每次見狀，都會大發雷霆，她認為這有損家庭和諧，破壞家居整潔，是大事，要優先處理。

我認為在外母生日宴會遲到一會兒是小事，老婆大人則認為令她在家人面前丟臉，是嚴重損害她的自尊的大事。

我握着老婆大人的手，準備以一百米跑九秒九的速度，跑向停車場，避免過時數秒，要多付二十多元費用，這是大事。她摔開我的手，用近乎蔑視的目光看着我：「二十幾元而已！」是小事。

我每次使用洗手間後，都把廁所板揭起。老婆大人嚴重警告，要有「手尾」，把廁所板蓋上，我認為是小事。她認為我不體貼、不細心、不尊重女性，是大事。

老婆大人送給我的汽車，已用了十多年，我認為應該是時候送我一輛新車，是大事。老婆大人認為歐洲車很耐用，而且我把車保養得很好，可以多用十年八載，是小事。

我向老婆大人投訴，我已經多年沒有購置新的音響器材，需要更換一套新的，是大事。她望着家中另外幾套音響，語重心長的說：「把這幾套輪流更換，便會有新鮮感。」是小事。

二十多年前，一宗名人的離婚事件：伊利莎伯泰萊與李察波頓這對夫婦，可謂郎材女貌，話説有一晚，凌晨三點，玉婆(伊利莎伯泰萊)往洗手間，發現沒有廁紙，原來是丈夫用完最後一卷廁紙，李察認為是小事，玉婆認為他沒有關注她的需要，對她不尊重，是大事。結果是李察波頓送的百萬鑽戒，以及一段哄動的羅曼史就此煙消雲散。

説實在的，男女的相處，什麼事都是大事，看看你是否放在心上。小事不處理，或處理不好，也可化為很大的事。

夫婦生活，面對大小事情，各有看法。
設身處地，代入對方角度，感受一下，體諒對方，也考驗自己的同理心。

應有此「報」

由2007年9月1日起，我展開人生新的一頁。對我來說，辭退中學校長一職，不是一個太困難的決定，禱告中尋求及印證，老婆大人提早退休，安頓好上下兩代人的負擔，我想也是應該放下三十一年的工作，與老婆大人盡情享受二人世界的時候了。但身邊的人 —— 親友卻有不同的看法。五十出頭，仍在壯年，放棄一份穩定且高薪厚職的工作，看來萬分可惜！

說實在的，學校的工作給我很大的滿足感，看着學生的成長、學校的發展，也是一件樂事，但我總不能一輩子都在工作。承擔不簡單，放下也不容易，幸好我沒有上一代與下一代的羈絆牽掛，可以隨心所欲。假如上帝叫我工作三十一年，也可叫我享樂三十一年，也是不錯的安排。

《聖經．傳道書》的智者看透世情，萬事萬物都是虛空，是否富有，是否有權，人的結局都是平等——死路一條。所以智者勸勉世人：「在你一生虛空的年日，就是上帝賜你在日光之下虛空的年日，當同你所愛的妻快活度日。因為那是你生前在日光之下勞碌的事上所得的分。」(九：9)各位愛妻一族，是否慶幸自己在虛空的歲月，仍有一絲喜樂的盼望？

上帝給我豐厚的恩典，真是多不勝數。祂叫我有很多工作時不太忙亂，在空閒的日子不會無聊度日。我告訴學生和同工，我在退休後，會有「三書一道」的工作。「三書」是讀書、寫書、教書，而「一道」是到教會或機構傳揚主耶穌的生命之道。上帝的安排真是分奇妙，我在學校畢業禮正式宣布退休，三天後，中文大學教育學院便聯絡我，問是否有興趣重操故業，在中大兼課。退休後的「三書一道」，就這樣成了。不但如此，一些我曾講道的教會，不知何故，在8月再找我證道，好讓我有多些主日講道，以及婚禮訓勉，上帝的恩典是何等的豐富。

離開工作了十四年餘的基督書院，我收到很多很多的禮物與祝福。最意外也是最驚喜的，還是基督書院的同工、老師、學生、舊生和家長，於7月11日的散學禮，在《明報》刊登一則四分之一頁「賀黃鴻麟校長榮休之喜」的廣告，這真是驚喜中的驚喜，之前，他們已做了很多叫我驚喜的事情。我也心知肚明：我是應有此「報」。事緣我在自己的結婚二十周年、二十五周年，以及三十周年，我都分別在報章刊登五分之一頁、四分之一頁，以及三分之一頁的一系列廣告，向老婆大人致謝、致歉和示愛。故此，我真是應有此「報」的了！

「在你一生虛空的年日，就是上帝賜你在日光之下虛空的年日，
當同你所愛的妻快活度日。
因為那是你生前在日光之下勞碌的事上所得的分。」
(《聖經 · 傳道書》九：9)

看海的日子

前後花了約兩個月的時間搬家，上次搬家，已是八年前的事了。這次搬家是歷來最艱辛的一次，棄掉了差不多三分之一的家當，包括書籍和衣服，不是這次搬家經歷，真不知道我們有「收集」的僻好。我們不但「收集」金錢，還「收集」衣服、飾物、鞋子、書籍、影碟、唱片和各樣煮食器皿，林林種種，蔚為奇觀。從這次搬家得到的經驗，在這些「收集」得來的物件中，我們經常使用的大約只有總數的一半或以下。或許，我們不但不懂活出生命，且連怎樣生活也不太懂。對於生命和生活，我們都是「收藏」起自己，多於「使用」自己。

此外，這次搬家花的時間特別長，因為我和老婆大人都仔細檢視了每件物品，保留與否，都一一細看。以往搬家，都是把物品包裝好即搬走；

這次才發覺八年前搬家的物品，有些還沒有「拆封」，原封不動，足足放置了八年。有時候，我發覺婚姻生活也有類似的情況，夫婦會將許多的情緒、不快及分歧等等全部「包裝封存」，直至沒空間存放，導致婚姻破裂，才發覺原來有這麼多未處理的問題。這次搬家給了我很好的啟示，我將會更有效地去處理生活的各種問題。

這次搬家之「最」，是「最」遠離熱鬧的市區，在寧靜的青山灣畔，開展「老人與海」般的看海的日子，新居面海背山，清早起牀，遠看海鷗飛翔，近看小白鷺覓食，背後的書房環山抱翠，有幾隻麻鷹在盤旋。有時我與老婆大人信步至沙灘，偶爾有一、兩位外國人在嬉水，亦有一些情侶在沙灘漫步。我們看人看景，倒也樂在其中。臨近夕陽斜照，黃昏日落之時，見有攝影師帶着穿上禮服的外藉新郎新娘在沙灘取景，我看看自己，又望望老婆大人，我們的年紀是大了些，風霜多了些，尤其是我的頭髮少了些，但相信穿上禮服及婚紗，也不遜色於眼前這對異國鴛鴦，這一點點的心內星火，很有可能叫我們在三十一年結婚記念時，重拍婚照，屆時真的是：「欲看『老版』俊男與美女，還看今朝」！

人老心不老，同心同行，嘗試一起做些新鮮事兒，
齊齊再添甜蜜，活出生命的精彩！

優質時間

一位住於坪洲的讀者看過〈看海的日子〉一文，電郵相片給我，以作交流。她的「看海的日子」，是屋外一個小花園，花園外面是毫無遮擋的優美海景，這才是神仙境界般的「看海的日子」，看來我又有新的人生目標了！

最近在一些教會講道，弟兄姊妹也關心我這個「下崗校長」，為何放棄高薪(辛)厚職，自動下崗，是否有什麼「隱性」原因、「隱性」疾病等等？其實我的退休並沒有什麼不可告人的原因，我已工作了三十一年，跟着可以享樂二十年的話，也是上帝給我的恩典了，況且，我是一個喜歡享樂多於工作的人。而最大原因，還是我覺得結婚三十年來，對老婆大人和家庭都有着很大的虧欠。

在我三十一年的教學工作中，我都是全情投入，有些時候，甚至出現「斷六親」的景況。我的口頭禪是：「在家不作好校長，在校不作好老公」，正是最好的寫照。近幾年，我忽然感到給予老婆大人和家庭的都不是「優質時間」。什麼是優質時間？這肯定是因人而異，一日之計在於晨，有人認為早上是優質時間，所以以往小學有分上、下午校，上午校是較受家長歡迎的。但有些「夜鬼」會認為晚上才是「優質時間」。對我而言，作為一位中學校長，肯定沒有為家庭付上我的優質時間，扣除睡眠時間，我「在家」的時間真是少得可憐。何況我每天處理學校事務後回家，帶回來的都是疲累、脾氣及一堆未完成的事務，或是有待解決的困難……口頭雖説「在家不作好校長」，但種種的事務、問題都會隨着我疲累的身心靈帶進家中！

退休後，我有很多東西要重新學習，學習享受悠閒的日子，學習放慢節奏，有一次，老婆大人在吃午飯的時間提醒我：「你吃飯這麼快，要趕什麼？」此外，當中最重要的是要學習做家務，如走進廚房 —— 昔日的禁地，短短數個月，已見成效。做校長時我勇於面對「黑鑊」，現今我則勇於「洗黑鑊」。假以時日，説不定我可當上新一代「廚神」。

我祝願愛妻一族要掌握各種機會，為妻兒及家庭付上優質時間。

「有妻萬事足，不須住大屋！」
最要緊是給家人付上優質時間，即使是做家務！

相見時難別亦難

一位剛退休的朋友，他説退休後與太太朝夕相對，本該是賞心樂事，也可彌補過往忙於工作，一天只聚三數小時的相思之苦，可是，天不從人願，退休後相見時間多，爭吵亦多，真的是「相見時難別亦難」，朝夕相對甚艱難。難怪在平日的圖書館、公園內聚集了不少「退休老年」的避妻一族。我也是一名下崗校長，幸而上帝保守，雖然我和老婆大人日夕相對，經歷了三十年的「離別多相聚少」的日子，大家都有各自各精彩的生活，她有她的編織毛衣，「煲劇集」、做家務。我有我的寫作、聽音樂、預備講稿等。

三十年的婚姻生活，我們不斷地在學習適應聚少離多的生活方式，期間當然有包容、體諒、妥協和調整。當我和老婆大人都提早退休後，整個形勢逆轉，以往「日日都是上班日」，現在「天天都是holiday」，如何天天渡假，確叫人費盡心機。其艱難程度不下於李嘉誠先生如何花掉他的身家。退休生活的「天天都是holiday」，也不是每位退休人士能好好掌握享用，其中一個最大難題是如何調整與家人的關係。

中國人説的「小別勝新婚」也是不無道理，在五、六十年代的新中國，很多夫婦都是天各一方，猶如「孔雀東南飛」，一個在大西北，一個在廣東工作，每年只有一些探親假期，才可以讓夫妻團聚十數天，但當時那些聚少離多的婚姻關係卻是穩如磐石，相對現今「糖黐豆」的婚姻關係，離婚率卻扶搖直上，實在是對現今婚姻的一大諷刺。

事實上，一對情比金堅的夫妻應該學懂如何處理「聚少離多」或「秤不離砣」的情況，夫婦感情的好壞也不全取決於相見時間的多少。我和老婆大人退休後，兩夫婦由聚少離多轉為「秤不離砣」，當中也需要不少新的的調整與適應。幸好我們的婚姻恆常處於「磨合期」和不斷的學習與重新學習中，所以問題很快便解決了。現在我和老婆大人「各據山頭」，一人一機（電視機），她佔據睡房廚房，我則盤據客廳書房；她看她的婆媽「肥皂劇」，我看我的英超歐聯一級方程式賽車；她有她的入廚樂，我有我的欣賞音樂；她做她的家務，我做我的「家務助理」，協助她做家務，真的是「各取所好，各得其樂」，婚姻確是需要不斷的學習、學習和再學習的！

不管工作忙碌，聚少離多；
抑或退休下來，天天相見，
總要每天都看似新的一天，以新的眼光面對配偶。

後記——但願人長久

本書寫了不少有關兩性、戀愛、感情與婚姻的文章，在過程中，不少篇章都叫我感觸良多，如夫婦間的暴力事件、屢創新高的結婚率、離婚率和再婚率、極速離婚個案等。在工作或個人層面，人際之間的離離合合本是平常事，正所謂：「聚有時、散有時。」但婚姻的離合卻是「大件事」，因為夫婦的離合，至少涉及三個家庭，以及許多無辜的人，當然包括影響最深的子女。

最近聽聞一位朋友鬧離婚，的確叫我有無盡的唏噓，正是：「虛空的虛空，萬事萬物都是虛空。」（《聖經．傳道書》一：2）朋友的婚姻經歷了大大小小的波折，雙方都付上不少的心力，當婚姻重上軌道，婚姻與事業都有成的時候，卻要步上離婚之途！

朋友的離婚叫我感慨，但他的教會處理手法盡見無知和無能，卻叫人震驚。其實我們處理成年人婚姻危機，除了盡力挽回外，更重要的是要竭力去保護雙方，特別是子女的福祉，但這教會的處理方法，卻是「兩頭不到岸」。這或許與教會不肯去面對一些敏感課題，如性、兩性關係、感情、婚姻、離婚和再婚等有關。或有教會勇敢地面對，卻容易給人標籤為「激進」、「嘩眾取寵」，甚至定性為「異端」教會，這難怪叫教會卻步，也叫一些教會在處理這些課題上，仍然停留在「天真與無知」的階段。

男女之間的事是個奧祕，而婚姻不單是門深奧的學問，也是人際相處的一項藝術，「婚姻學」需要去研究和探討。我可以肯定地說，婚姻的相處學問、兩性如何和諧共處不是與生俱來，有人認為結婚是個結束，事實上剛好相反，結婚只是婚姻生活的開始。在婚姻當中，我們需要不斷的學習如何與配偶相處，重要的是如何以對方樂於接受的方式去愛對方。因為我發覺，大部分已婚人士都是深深愛着對方，但可惜的是他/她們只用自己的方法或表達方式去愛對方。

另外一點，極為重要：人們對於自己的一切，都謹慎地護理，理財、護理皮膚、護理指甲、護理身體、護理衣物、護理汽車、護理頭髮……我們是否有意圖去護理與神的關係、與人的關係，特別去護理婚姻關係？但願本書的讀者可以和我一起坐言起行，細心地護理自己的婚姻，直叫我們每人的婚姻關係都如本文標題——但願人長久！珍重，再見！

30年婚姻，情聖校長屹立不倒

103招完美護妻招招取勝

1套完美婚姻的傍身天書！

以風趣幽默的筆觸，將護妻神功的傾情四十八式，發揮得淋漓盡致。有心人只要從日常瑣事、生活小節中偷師，勤加練習，定能建立愉快的婚姻；過如魚得水的夫婦生活。

懂婚姻之道，
熟愛妻門路，
通男女差異，
婚前婚後的升呢天書！

感謝您選了這本書，閱讀以後，

您有沒有一些啟發，一些感想？我們期望您的聲音。

請登上**www.btproduct.com/book**，

在「讀者回應卡」頁面內填寫。謝謝。

心靈關顧系列最新書目

心靈地圖

書名	作者
完美婚姻55式	黃鴻麟
爸爸回家上班去	賴百樂
我搣時心太軟	游欣妮
媽媽不想錯下去	列小慧
神奇耳蝸．幻之光	司徒苑；棗田（圖）
小喬生活館1　聽食物説話	司徒苑；棗田（圖）
從孤獨的屬地出走	添．加德納
我搣時很煩	游欣妮
與賭博拔河	侯雪媚
與恩師的 10 堂課 —— 我的路	蔡元雲
歲月的育養 —— 給現代父母的啟示	黃麗彰等
改變，由我開始	蔡元雲